U0732771

孩子情商高，就是会社交

闫俊 著

中国华侨出版社
·北京·

图书在版编目（CIP）数据

孩子情商高，就是会社交／闫俊著．—北京：中国华侨出版社，2021.2

ISBN 978−7−5113−8445−4

Ⅰ．①孩… Ⅱ．①闫… Ⅲ．①情商—儿童教育—家庭教育 Ⅳ．①G782

中国版本图书馆CIP数据核字（2020）228976号

●**孩子情商高，就是会社交**

著　者／闫　俊
责任编辑／高文喆
封面设计／朱晓艳
经　销／新华书店
开　本／880毫米×1230毫米　1/32　印张／8　字数／180千字
印　刷／大厂回族自治县德诚印务有限公司
版　次／2021年2月第1版　2021年2月第1次印刷
书　号／ISBN 978−7−5113−8445−4
定　价／42.80元

中国华侨出版社　　北京市朝阳区西坝河东里77号楼底商5号　　邮编：100028
法律顾问：陈鹰律师事务所
编辑部：（010）64443056　　64443979
发行部：（010）64443051　　传真：64439708
网　址：www.oveaschin.com　　E−mail：oveaschin@sina.com

如发现印装质量问题，影响阅读，请与印刷厂联系调换

前　言

亲爱的因为育儿焦虑、简直走火入魔的父母们:

很高兴与你们分享我的带娃经验:《孩子情商高,就是会社交》。

我为什么执着于提出这个命题,把"孩子"和"社交"这两个看似遥远的概念紧紧联系在一起呢?

一切都是为了孩子的幸福!

因为周围都是好朋友的人,比活成孤岛的人不知道要幸福多少。

如果你"呵呵"一笑或者嗤之以鼻,说明你真的不知道社交对于孩子到底有多重要。那么你的育儿焦虑,我觉得是顺理成章的。

引用点高端的证据:

儿童社会行为研究表明:良好的同伴关系更能够满足儿童的安全感、归属感,以及尊重和爱的基本需求,也更有可能帮助儿童获得社会性的支持,以及学会生存所必需的技能。

美国儿童心理学家格赛尔认为:社交技能应从儿童抓起。

应针对儿童设立社交技能课程，让他们学会情绪管理、语言管理、情感管理，教他们解决交朋友过程中遇到的各种问题，而一旦错过这个关键期，从小缺少友爱、社交有障碍的孩子，长大以后就很可能出现情绪混乱、行为极端、学习困难、社交恐惧、人格障碍等严重问题……

而我，作为一个为了带娃，从理科生被生生逼成儿童心理学爱好者的家长，作为一个拥有十几年被娃折磨经验的资深"受害者"，通过对孩子以及他的同学、伙伴的"偷偷"观察，真切地发现了一个着实被我们忽略了很久的问题——

那些人际交往"营养不良"的孩子，往往会出现如下生存困难症状：

胆小怕生、害羞拘谨、孤僻乖张、退缩不前；或者大自我主义，无法沟通、不能合作，充满攻击性。

而人际交往中的尊重、关爱、分享、互助，正是预防和治愈这类症状的特效灵药。

不过令人抓狂的是，对于我们的孩子来说，主动结识一个好玩伴，远比解答复杂的数学方程式要困难；进行一次有趣有益的社交活动，一点儿也不会比写一篇高分作文更轻松。

怎么办？只能是我们这些已然"快要崩溃"的父母们再次出手了。是的，只有我们能做孩子一对一量身定制的私人社交教练。

今天给大家分享的这本《孩子情商高，就是会社交》，我不敢夸口说是什么权威理论、教育宝典，但它确实是我的心血，这里的每一段文字、每一个故事，都是我蘸着疼惜的心绪、委屈的泪水、欣慰的笑容写下来的。带娃十几年，真是太难了！

相较于市面上那些国内国外非常畅销的教育图书，我自知自己的作品还有很多不足，不过我不谦虚地认为，自己的作品也有自己的长处。

一是实用性。我是真真切切受尽折磨带过孩子的，书中内容几乎全是我的所见所闻、所感所想、所学所用，我把自己的方法都写出来了，有同类问题的家长可以直接拿过去用。

二是渐进性。培养孩子的社交情商，需要把心思和精力放在孩子最需要帮助的地方。我总结了孩子最容易产生障碍的八大要点，每个要点的设计，只专注于解决孩子的一类问题。这种有针对性的、根据孩子生长特点循序渐进的教法，我觉得更有助于家长协助孩子掌握有效社交技巧并触类旁通。

三是契合性。作为一位货真价实的"本土"家长，我在教养孩子的十几年中，对于国外先进育儿理论，放肆地进行了一些实践性改良。当然，在教养儿女这一方面，我们还有很大的优化空间，这需要我们这些被"熊孩子"祸害不浅的爸爸妈妈们抱成一团，共同努力。

至于我说的是真是假，你翻看几页就知道了。

目　　录

第6章　如果孩子特别会说话，他的人缘不会差

第7章　帮孩子把那些社交事故，变成美丽的友情故事

第 1 章

那些小时候不会社交的孩子，
长大以后过得还好吗

那些极度孤独的孩子，后来怎么样了

01

著名畅销书作家张德芬说"原生家庭对一个人的影响是一辈子的"。我深以为然。一个人从出生到成长，家庭影响会在他身上刻下入骨的印记。

大多数童年灰暗的孩子，长大后都活得很挣扎。尽管他们表面看上去风轻云淡，甚至在人前光芒四射，实际上内心千疮百孔。

迈克尔·杰克逊走了，众所周知，这位世界级偶像的一生并不快乐，他不止一次地说过："我是人世间最孤独的人"。

他说："我根本没有童年。没有圣诞节，没有生日。那不是一个正常的童年，没有童年应有的快乐！"

杰克逊5岁那年，父亲将他和4个哥哥组成"杰克逊五兄弟"乐团。他的童年，"从早到晚不停地排练、排练，没完没了"；在人们尽情娱乐的周末，他四处奔波，直到星期一的凌晨四五点，才可以回家睡觉。

童年的杰克逊，努力想得到父亲的认可，他"8岁成名，10岁出唱片，12岁成为美国历史上最年轻的冠军歌曲歌手"，但仍得不到父亲的赞许，仍是时常遭到打骂。

心理学说：12岁前的孩子，价值观、判断能力尚未建立，或正在完善中，父母的话就是权威。当他们不能达到父母过高的期望而被否定、责怪时，他们即便再觉得委屈，但内心深处仍然坚信父母是正确的。杰克逊长大后的"强迫行为、自卑心理"等，应当和父亲的否定评价有关。

父亲还时常嘲笑他："天哪，这鼻子真大，这可不是从我这里遗传到的！"杰克逊说，这些评价让他非常难堪，"想把自己藏起来，恨不得死掉算了。可我还得继续上台，接受别人的打量。"

后来迈克尔·杰克逊的"自我伤害"，整容成瘾，也应当和童年的这段经历有关。

杰克逊在《童年》中唱道："人们认为我做着古怪的表演，只因我总显出孩子般的一面……我仅仅是在尝试弥补从未享受过的童年。"

杰克逊说："我从来没有真正幸福过，只有演出时，才有一种接近满足的感觉。"

曾任杰克逊舞蹈指导的文斯·帕特森说："他对人群有一种畏惧感。"

在家中，杰克逊时常向他崇拜的"戴安娜（人体模特）"倾诉自己的胆怯，以及应付媒介时的惶恐与无奈。

他和猫王的女儿莉莎结婚，当时轰动了全世界，但两人的婚姻生活并不愉快，莉莎说："对很多事我都感到无能为力……感觉到我变成了一部机器。"后来，他又与黛比结成连理，但幸福的日子持续也并不长，3年后两人离婚；之后，他又与布兰妮交往甚密，但布兰妮一直强调：我们只是好朋友。

杰克逊直言不讳地承认："没有人能够体会到我的内心世界。总有不少的女孩试图这样做，想把我从房屋的孤寂中拯救出来，或者同我一道品尝这份孤独。我却不愿意寄希望于任何人，因为我深信我是人世间最孤独的人。"幼年时期留下的阴影在他的心里挥之不去，最终使他走上了不归路。

02

儿童心理学认为：一个人，儿童时期与父母的关系模式，决定他长大以后处理人际关系的方式。并且，孩子年龄越小，这种影响就越大。

很多家长，怎么看都是非常好的父母，但是，也许只是在某一阶段没有满足孩子被充分爱和关注的需求，那么尽管此后他们一直对孩子关爱有加，但孩子的潜意识里还是会留下"父母不好"的印象。

这很容易理解，因为儿童时期是一个人最脆弱的时候，几乎一切事情都需要亲人的帮助和照顾，如果这个时候父母没有及时出现，他就要独自面对饥饿、恐惧、冰冷和黑暗。这时，孩子幼小的心灵会很主观地形成一种结论：我被父母扔给了黑暗，他们不是好父母。

当然，多数情况下，如果父母能够及时做出弥补，给予孩子充足的爱和关注，孩子的这种"不良印象"会被"好印象"逐渐取代。但倘若亲子关系持续不好，孩子在家中感受不到温暖和爱意，这种"不良印象"就会持续恶化，最终，深陷孤独的孩子会偏执地认为：

"我痛苦，都是别人的责任！"——他甚至会因此仇视所有人。

03

2007 年 4 月 16 日，美国弗吉尼亚理工大学发生了美国历史上最恶性的校园枪击案，枪击造成 33 人死亡，枪手本人开枪饮弹自尽，枪击案疑犯为 23 岁的韩籍青年赵承熙。

认识赵承熙的人都说，他完全拒绝对任何人敞开心扉，不管喜怒哀乐，脸上都没有任何表情。弗吉尼亚理工大学发言人拉里·辛克尔说，赵承熙是个"独来独往的人"，学校很难找到关于他的信息。

"一个孤独者"——这是大多数人对赵承熙的评价。从小到大，他一直很少与同学交流，更别提在一起玩耍。他几乎不在课堂上发言，高中英语课时，老师要求学生朗读课文，赵承熙总是低着头不说话。老师提醒他，不朗读就要被评不及格，他才开始用"低沉、古怪"的语调读出来，因此受到同学的嘲笑，这使得他变得更加寡言少语，乃至成了一个"从不说话的人"。

来到美国读大学以后，"他总是相当相当地安静，甚至有点怪异"。尽管室友们尝试与他说话，但只能得到只言片语的回答，后来，赵承熙干脆就不再说话了。就这样，他孤独地生活在一个 6 人寝室，孤独地生活在弗吉尼亚理工大学26000 个学生中。

尽管当时媒体对这起惨案的报道铺天盖地，但很少有人触及赵承熙的童年生活。不过，在赵承熙留下的剧本中，我们似乎可以读出一些值得深思的东西。

在赵承熙写的剧本里，男主人公是一个叫约翰的孩子，剧本所反映的主题是约翰与继父之间的仇恨。但事实上，赵承熙没有继父，他的父亲就是他的生父。由此可以推断，在赵承熙的内心里，自己与父亲的关系很不好，爸爸的形象非常糟糕，甚至已经达到了"继父"的程度。

那么，他和妈妈的关系模式又如何呢？可能也不怎么样。赵承熙的舅舅说，刚刚移民美国时，赵承熙就被诊断出患有孤独症，但是他母亲并不重视这件事。

虽然自认是孤独的，但赵承熙并没有放弃对爱情的追求，他爱上了漂亮的师妹艾米莉，但艾米莉并不爱他。也许从那一刻，赵承熙内心中唯一的光——爱情，也被黑暗彻底淹没。长久以来的病态孤独与忧郁，最终令他"走火入魔"。

回顾这些人间惨剧，让人心情非常沉重。但更让人感到沉重的是，也许有无数个孩子，正经历着像迈克尔·杰克逊、赵承熙一样的孤独。只是，他们的父母依旧茫然不知。

我们不能说，杰克逊、赵承熙式的悲剧完全是父母导致的，但倘若他们的父母能够及早调整相处方式，也许就能将这些悲剧消弭于无形。

04

如果一个孩子很认真地说，他享受孤独，那么几乎可以肯定，这个孩子一定存在某种程度的心理问题。可以说，孤独只是他为自己竖起的心理壁垒。通俗地说，他把孤独当成了自我保护的方式。

这样的孩子长大以后，由于没有学会使用正确的方式与人相处，要么很容易在人际关系中受到伤害，要么很容易伤害别人。

对于老师、同学、朋友、同事等普通人际关系的不良处理导致被疏远、被排斥，而疏远与排斥对任何人来说无疑都是一种伤害——这就形成了一个恶性循环。最终，他们索性把自己与外界隔绝起来，只是为了让自己不再受伤。

但事实上，越是孤独的人，越渴望亲密关系。

然而，对于老师、同学、朋友、同事等普通人际关系，他们压根不抱什么希望，因为在一次次的人际挫折中，他们早已心灰意冷。

原本，亲情关系应该是他们最踏实的情感寄托。但他们的孤独感往往就来自于童年时期的家庭阴影，此时他们已对父母失望至极，只有将这份深深的渴望转移到一种未来的亲密关系上——伴侣关系。

由此，他们几乎将全部的情感和毕生的追求，都放在了建立一个完美的伴侣关系上，一旦这个关系受阻或是破裂，无法再安抚他们孤独而敏感的心灵，他们就会彻底陷入绝望，歇斯底里，步入崩溃。

这，也许就是很多人为情所困走向极端的心路历程。

家长们请注意，虽说短暂的或偶然的孤独不会造成行为紊乱，但长期或严重的孤独很可能引发某些情绪障碍，降低人的心理健康水平。孤独感还会增加孩子与他人、与社会的隔膜和疏离，而隔膜与疏离又会强化人的孤独感，久而久之，极易导致疏离的人格失常。

接下来，我要讲一个非常关键的部分——作为家长，我们应该怎样做，才能够防止孩子陷入孤独呢？

第一，要以平等、尊重的方式与孩子沟通

在国内，很多家长信奉"棍棒教育"，总是以为，"为了他好，打骂不可少"，他们教育孩子的方式基本就是教训、责怪甚至是强迫。久而久之，把孩子的安全感都给打没骂没了，孩子连父母都不愿意相信和亲近，又如何真诚地接受别人呢？

我奉劝家长们一句：把孩子当成朋友去相处。

如果我们懂得尊重、赞赏、支持孩子，就一定能够在他们心中种下温和、阳光的种子，他们的心中没有阴霾，自然会无忧无虑地成长，快快乐乐地交往。

第二，引导孩子学会爱并享受爱

马斯洛的理论告诉我们：没有"爱"，就没有"自我实现"。爱的滋润，是生命成长的核心。人只有被爱，被接纳，被归属，被承认，才能产生安全感，才能自信大胆地去探索外部世界，成熟到能融入社会生活中去。

所以，我们必须引导孩子开放自我，引导他们真诚、坦率地对待他人，帮助他们主动接近别人，关心别人，扩大交往，孩子的孤独感自然消退。

第三，引导孩子理性评价自己

很多孩子的孤独，其实是源自他内心深处的自卑，尽管这自卑在旁人看起来毫无必要，甚至有些可笑，但孩子并不知道。

而我们要做的，就是帮助孩子认识到自己头脑中存在的非理性观念，协助他们有意识地加以改变。同时也要让孩子明白，他不是人民币，做不到人人都喜欢，而别人也并非都讨厌他，要帮助他们勇敢地敞开自己的心扉，用坦荡、真挚的情感去和小伙伴交往。

总而言之，当你的孩子体验到交往的快乐时，一个新的自我就代替了孤独。

她也不知为何恐惧，但她真的无能为力

01

翟微微，27岁，肤白貌美，做人很懂规矩，做事不怕苦累，但就是得不到晋升的机会。

她不是欠缺能力，而是心里有"鬼"。

早在上小学时，翟微微就害怕在课堂上发言，担心说不好同学们会笑话她。可越是这样想，她就越紧张，脸也红得

像苹果一样，说出的话都打着哆嗦。如果真有个别同学嘲笑她，她应该会原地崩溃。所以上学那些年，她是能不发言就一定不发言。

大学毕业以后，翟微微进入了北京一家前景很好的IT公司，业务能力出色，前期表现卓越，经过董事会研究审议，提拔其为部门经理。如此青春的年纪，如此漂亮的工作成绩，长得又如此让人着迷，翟微微似乎正在走向春天里。

但是，老问题又出现了。自从当上经理以后，面对下属的眼神，她就会不自觉地害怕并躲避，就像做了什么亏心事在遭受质疑。开工作会议，如果有员工咳嗽，或是弄出什么声响，翟微微马上就会紧张，猜测自己是不是说错话了，别人是不是在嘲笑自己。

因为业务需要，公司派遣她出席过几次重要的社交聚会，她一入场就发怵，当有客户主动交流时，她就脸红并害怕，唯恐当众出丑，只能找借口逃之夭夭。结果，客户很介意，领导很生气，翟微微的职位又被降回原地。

出现这个局面，领导也很惋惜。翟微微的心又掉进了冬天的冰窟窿里。

我相信不少家长朋友会因此猜测，翟微微一定是打小性格内向，生性腼腆，父母疏忽大意没有正确引导，才导致她的害羞超过了合理界限。但是也不尽然。

说起儿时的经历，翟微微仍然记忆犹新："妈妈工作待遇好，是家里的经济支柱，掌握家政大权，对我和爸爸管束很严。"翟微微说，她爸爸很惧内，自己也像爸爸一样，一直被妈妈的权威支配。

在翟微微的印象中，妈妈一直在说她这不行、那不行，做错事肯定要重罚，碰上妈妈心情不好还要挨打。她从小到大，几乎没有得到过一句表扬、一句鼓励，她小时候就常常怀疑自己，无形中就觉得自己低人一等。

翟微微高考的时候，妈妈叫她去学计算机，因为智能时代计算机行业将有无数肉眼可见的机遇。"我们班上没有女孩子报考计算机专业，大家平时都拿程序员当段子的，我觉得自己就像上刑场一样……"而且作为一个兴趣不在此处的女孩，翟微微虽然成绩优异，但学起计算机确实有些吃力，这免不了又被妈妈责骂，翟微微对自己的看法变得越来越糟糕了……

一个孩子的成长动力，主要来自他对自己的积极肯定。

如果在孩子的成长过程中，他认为很重要的人，经常给他很深的挫败感，孩子最终就会内化别人对他的负面评价，认为自己正如别人所说，是糟糕的、无能的、不被别人喜欢的，他的内心就会渐渐失去力量，自卑就会铺满他的心房。

当然，也有些个性特别强的孩子会奋起反击，变得极度叛逆暴戾，但不管哪种结果，都不是我们希望看到的。

02

事实上，翟微微的问题并不是简单的害羞就可以解释的，她的表现更倾向于一种心理问题，叫社交焦虑障碍，就是人们常说的社交恐惧症。有社交恐惧症的人，不敢与别人深入接触，别人一个不经意的眼神，都会使其心有余悸。

其实所谓社交恐惧，每个人都会有点儿，比如和领导、和异性、和陌生人同桌吃饭时，多数人都会感到些许紧张和害羞，这是正常的心理反应。

但如果情况是，对一些特定的社交场景感到焦虑或害怕，并产生明显的回避行为，使自己感到痛苦，严重影响了个人的生活或工作，那就不正常了。

尽管已经有研究表明，社交恐惧症与智商不存在绝对的关联性，但一个存在社交恐惧的人，往往会被朋友、同事、上司认为其"难以沟通""不好共事""没有团队精神"，在非常大的程度上，会影响个人的情感和事业发展。

那么，作为家长，我们该做什么、怎么做？

03

在我看来，中国的家长首先应该提高对儿童心理健康的重视程度。

事实上，世界卫生组织早已指出："健康是指身体、心理和社会适应的健全状态"，这和多数国人心中"生病才不健康"的认知完全不同。对于成长中的儿童来说，心理健康与身体健康同等重要，甚至更胜一筹。

然而实际情况是，很多家长对于孩子心理健康的关注度，远不及对孩子学习成绩、高矮胖瘦那么上心，孩子的不健康心理在萌芽时被家长粗心大意地放纵，久而久之就成了一个补不上的窟窿。

我必须给诸位家长提个醒，孩子的许多心理问题并不是进入青春期才突然爆发的，而往往是在童年时期就埋下了阴影。

因此，我们应该从孩子幼年时起，就高度关注他们的心理发育，及时发现孩子出现的问题，例如情感认知紊乱、学习障碍、多动症等等。此时此刻请和我一起给孩子做个客观的心理评估，判断一下你的孩子是否存在不健康的社交心理。

1. 你的孩子是不是只要与人交往就会出现紧张和不安，不敢与人交谈，甚至对视？如果迫不得已要面对面交流，就会面红耳赤、心慌心跳、不停出汗，明知没必要，却不能自控。

2. 你的孩子是不是连熟悉的人也害怕交往？总是想方设法找借口，拒绝参加各类家庭和班集体活动。平时极少主动与人聊天，甚至不愿接电话。

3. 你的孩子是不是特别内向，从小就十分胆怯，过分注重自己在别人心目中的形象，是不是容易感到自卑？

4. 你的孩子是不是特别苦恼？他总是在人前极力刻意掩饰自己的"瑕疵"，却往往适得其反。

如果以上情况出现在你的孩子身上，那么注意了，他很可能已经招惹了社交恐惧症，请及时求助专业心理医生进行诊断、干预或治疗。

04

然而，我想说的是，再好的治疗都不如及早的防御，如果能够消除隐疾于萌芽，就可以让孩子免于遭受社交恐惧的折磨。

如何让孩子远离社交恐惧？我给大家提几条建议：

第一，对孩子的心理健康发展给予足够的重视。前文有所提及，这里就不再赘述，之所以重复，是因为重要的事情要说三遍。

第二，放弃专制做法，营造民主家庭。我们可以无条件地爱孩子，这一点绝大多数家长都能做到，但无条件地尊重和接纳孩子呢？别掩盖，很多人根本做不到！

民主的家庭是什么样的？允许孩子有自己的想法和见解，尊重孩子的情绪和感受，在合理程度内赞赏和支持孩子的行为和决定。如果有些东西不符合主流文化的期待，我们可以不支持，但不可以霸道地扔下"不行"两个字，我们应该耐心引导孩子回到正轨上来，并在圈定的范围内对他的想法表示理解。

第三，在亲子教育上要懂得宽容和变通。孩子在每个年龄，都有每个年龄的特性，在每个年龄，也都有他自己的想法，这就要求我们看待孩子的眼光、教育孩子的方式绝对不能一成不变。

家长们请注意，"我要你做什么，你就必须怎么做"，这不是正向教养。好的教养应该针对孩子的年龄、性格、特点、心理成熟度，采取相应地、有针对性地点化和引导，并且多多鼓励，多多欣赏，这样孩子的内心才能充满自信和阳光，一路健康成长。

第四，世界这么大，带娃去看看。儿童心理学家认为，孩子出现社交恐惧的一个重要原因，就是与外界接触的机会少，而且独生子女家庭封闭式教养，往往也导致孩子缺少与同龄人的沟通和交流，加之父母总是以"我很忙"为借口，无暇顾及对孩子的陪伴，久而久之孩子便形成了社交恐惧。

所以要预防和消除孩子的社交恐惧，一个很好的办法就是多带孩子出去走走，多给孩子创造与同龄人接触的机会，培养孩子的社交自信与社交技巧，孩子接触世界的机会多了，他自然而然就愿意与人交往了。

你到底经历了什么，怎么会变成现在这样

01

这个话题可能有点沉重，因为我要给大家转述一个沉重的故事，这个故事来自自闭症患者吴岩（化名）的痛苦回忆：

我对我妈说："妈，我打架了。"

我妈二话不说把我一顿暴打。

"好的不学，你学打架？！"

"是周星星先打我的！"

"那肯定是你有错在先！周星星是个多懂事的孩子啊。"

"我打篮球不小心打到了他的脸，他非说我是故意的，然后就动手打我！"

"你肯定是故意的，学习不咋地，惹是生非少不了你！"

……

一年后，

"你整天耷拉个脑袋，地上有钱啊？面朝阳光不好吗！？"

"没有啊，我挺阳光的！"

"你照照镜子，你那叫阳光？整天低着头，像个吊死鬼，谁会喜欢你！"

"不是啊，我感觉大家都挺喜欢我的。"

"你自以为是吧，我实话告诉你，就你这副倒霉鬼的样子，我这当妈的看见都心烦！"

……

又一年后，

"你怎么天天连句话都不说，你是哑巴吗？！"

"我不想说话……"

"你装什么深沉啊，你在我面前有装的资格吗？！"

"我不想说话……"

……

多年以后，

"那人无缘无故打你，你为什么不防卫还击？！"

"还击什么呢，都是我的错！"

"不是他醉酒挑衅，先打的你吗？"

"那也怪我，我不该出现在他的视线里。"

……

"吴岩，你形象很好，做公司年会的主持吧。"

"我不行，我形象气质差。"

"你长得挺好啊。"

"我不想说话。"

……

其实，很多时候并不是孩子想自闭，而是他最深爱的人把他推进了暗无天日的深渊里。

02

家庭教育的类型分很多种，就吴岩的家庭来看，应该属于专制型和惩罚型教育的融合。我从不否认父爱与母爱的伟大，但有一种家长爱得非常强势，他们苛刻地要求孩子必须做好，不，是要求孩子必须做到最好。一旦孩子的情况和他们想得不一样，就会遭到他们冷冽决绝地斥责和惩罚，他们把自身的育儿焦虑通过教育孩子这个途径释放了，孩子不明不白地成了家长的情绪垃圾桶。

他们完全不知道，这种不由分说斥责辱骂的教育方式，对孩子幼稚的心灵会瞬间产生数万点暴击，极易诱发孩子的心理问题，比如说自闭。而自闭，对孩子的人生足以产生毁灭性的打击！

自闭的孩子可能一辈子都在责怪自己。有些孩子在生活中犯过一些"小错误"，由于家长的过分责备，再加上自身道德观念太强烈，导致自责自贬，看不起自己，甚至辱骂、讨厌、摒弃自己，总觉得别人在责怪自己；

也有些人年幼时长期遭受父母的负面评价，总觉得自己很糟糕，这种自我暗示，使得他们十分在意他人的评价及目光，最后干脆拒绝与人来往；

还有些人由于幼年时期受到过多的保护或管制，内心比较脆弱，自信心也很低，只要有人说点什么，就胡乱对号入座，心里紧张起来。

一个自闭的孩子，他的心永远找不到属于自己的快乐和幸福。尽管一切美好的东西尽在眼前，但他们视而不见，他们不知道如何打开那道封闭的门，走出去，与这个世界和解。他们没有三五知己，没有一两个朋友，甚至麻木到不知人生的悲欢离合，这样的人生称不上完整，生活也会因为自闭的单调而失去意义。

自闭的孩子心头有一把锁，是对自己融入群体的所有机会实行封闭。他不仅会毁掉自己的一生，也会让周围的朋友、亲人一起忧伤，给生活和人生带来无法摆脱的沉重的阴影，而他们没有交流和沟通的心灵只能是一片死寂。

03

毫无疑问，孩子一旦自闭，极有可能就会引发生存危机，这一定是任何一位家长都不愿看到的结局，那么，我们该如何帮助他们做好防御？

第一，了解孩子

我们应该对孩子的身心发育形成科学的认知。我建议家长们在孩子幼龄时期多阅读一些通俗易懂的育儿科普类图书，借以掌握一些基本的育儿常识，比如孩子什么时候开始说话，为什么会认生等等。

第二，关注孩子

我们不仅要关注孩子的身体发育、学习成绩，更应该关注他们的精神成长。比如，孩子对外界的感知力、语言表达能力、情感表达力以及社会交往行为等等。尤其是家族中有类似病史或出生前后、出生时有脑损伤等情况的孩子，更应该给予更多的关注和情感呵护。

第三，陪伴孩子

我们不要一直说"我很忙"，不要总是让孩子独自玩耍，陪伴是最好的爱。所以，为了孩子的健康成长，请大家尽量减少应酬，放下手中的手机，多花一些时间陪在孩子身边，教给他们与人相处的常识。和谐融洽的生活环境，可以有效防止自闭的发生。

第四，尊重孩子

中国从来不缺专制型家长，但以"专制"为主体的教养方式，根本就起不到教育的良好作用。首先，它会让父母更专注于消除孩子的缺点，因而往往忽略了孩子的优点，孩子长期得不到赞扬、鼓励，这对他们的自信的成长是莫大的打击；其次，由于父母注重的只是惩罚孩子，使得他们不会去学习采用其他更为适当的方法来纠正孩子的不良行为，而那些方法原本就能减少惩罚孩子的必要性。由于专制型的教育不把孩子当作个性独立的个体来对待，因此这种教育方式难以唤起父母与孩子之间的共鸣，无法形成各自内心的美好体验，即便在严厉的责罚背后有着一颗温柔的心。

家长们应该清醒了！孩子是没有定型的、正在成长中的人，在父母面前，他们处于弱势地位，但他们同时又有自己的思想、自己的感情、自己的个性，并且有着巨大的潜能，你一味操控，那么势必会给孩子造成深深的伤害。所以，对于孩子，你应该学会尊重，至于怎么做，我们下一节细说。

那些不尊重孩子的人，正被世界严厉惩罚着

01

在国外曾发生过这样一起悲剧性的恶性校园事件：

有一个叫米尔斯的孩子从小生活在祖父母身边，祖父母有他们自己的工作要做，没有多少时间来关注米尔斯，这导致本就内向的米尔斯越来越沉默了。

后来米尔斯回到父母身边，但爸爸脾气暴躁，常常会责骂他。而让米尔斯最难过的是，爸爸总喜欢用比较来证明他有多糟糕。

"你简直白活了8岁，看看你的成绩，真让我为你感到难过。你看看隔壁的尼克，他和你念同一年级，年龄比你小2岁，可成绩却比你好3倍！"

米尔斯的学校举行游园会，邀请家长一起参加，孩子们为家长表演了一场舞台剧，尼克是主角，他装扮成王子站在舞台中央，而米尔斯则扮演一位端水的仆人，而且由于紧张，米尔斯还在舞台上摔了一跤，惹得家长们哈哈大笑。

回到家以后，米尔斯的父亲又开始责骂起儿子来："你怎么搞的？！为什么在大庭广众之下给我丢人现眼！看看人家尼克，打扮成漂漂亮亮的王子！你呢，卑微又丢脸的仆人！你为什么就不能学学尼克……"

在父亲的责骂声中，米尔斯脸色惨白地缩在椅子上，他心里只有一个想法：杀死尼克！没有他，爸爸就不会再这样责骂我了……

两天后，米尔斯偷出了爸爸的手枪，在学校里打死了尼克。悲剧发生以后，米尔斯的父母崩溃了，米尔斯爸爸一直吼叫着："我是爱他的！只是他的愚蠢让我无法容忍。比较也是为了促使他进步啊！"

回忆一下，你在家庭教育中有没有采用过类似的方式，说过类似的话呢？可能你态度没有那么恶劣，但你是否说过：

"你看，这次人家小明又考了一百分。"

"你二姨家君君数学竞赛获得了一等奖，看看人家孩子。"

你在说这些话时，可能你并没有意识到，你在拿别人家孩子跟自己的孩子作比较，也许你说者无心，但敏感的孩子往往会听者有意。你知道他心里是什么感受吗？

你看似好心的教育方式，其实极易挫伤孩子的自尊心，令孩子产生自卑感和挫败感，甚至引爆他们的嫉妒心、仇恨心。

02

你可能从来都没有意识到，自尊心对孩子有多么重要。

自尊心遭受打击，孩子的适应能力不可避免地会受到巨大伤害，自尊心低的孩子比其他孩子更容易感到焦虑、无助、自卑、绝望，他们很难找到快乐。

自尊心受伤，孩子的性格也会变成一张千疮百孔的网。

中国少年研究中心曾对 1000 位志愿者做过追踪调查：那些幼年时遭受精神暴力的孩子，他们中间，有 25.5% 的孩子受困于自卑情结，有 23.6% 的孩子情感麻木，有 57.7% 的孩子性格异常暴躁。

燕子是我朋友中唯一一个至今未婚的女子，虚岁三十有五，颜值突出，她不是不想结婚，只是她始终无法像个"正常人"那样爱别人。

燕子和父母的关系很糟糕，虽说不在一个城市生活，但驾车来回也就两个小时，可燕子只在中秋和春节回家与父母小聚，且次次不欢而散。

燕子成了"齐天大剩"，最焦虑的不是燕子，而是燕子妈妈。有一次，燕子妈妈谎称自己生病把燕子骗回家，就是为了让她相亲，对方比她大 13 岁，离异，带着一儿一女生活。

还有一次，燕子妈妈来公司找她，两人在大厦门口遇见公司的领导，燕子妈妈自来熟似的请求对方多关注一下燕子的终身大事，弄得燕子和领导都无比的尴尬。

"我妈现在恨不得我下一秒就能嫁出去，条件不高，只要对方是个男的。"说这些时，燕子一声长叹，泪水在眼窝里打转。

从高考专业选择到工作选择，从交朋友到谈恋爱，燕子妈妈似乎对燕子所有的选择都不满意，都要插手管一管，燕子稍有反驳，就会被指责，诸如不听话、不孝顺、没出息、你看隔壁二丫一类的话，早已成了燕子妈妈的口头禅。

父母过多的干涉与指责，是在向孩子表明，他们做得不够好，孩子由此对自己形成负面评价。这样的孩子自信心偏

低，即使犯了轻微错误，他们也会惶恐不安，并苛责自己做得不够完美。

03

燕子说，对于这些，她早已习以为常，麻木无感，其实她最铭心的痛，是来自五岁的时候。

五岁时的燕子，某一天因为贪喝饮料，一不小心尿了床。妈妈并没有开解她、安抚她，哪怕开个逗她开心的小玩笑也没有，而是很大声地指责她："别人家孩子两三岁就不尿床了，你都多大了？用不用我给你买一箱尿不湿啊？！"

妈妈刺耳的话让小燕子羞愧难当，以至于当天夜里她一直不敢入睡，生怕"大错"重演，后来实在抵不住困意，才挣扎入梦，在梦里，她又一次尿床了，结果，梦境成真。

妈妈十分恼火，认为她是故意的，便将她"画了地图"的褥子挂在院子中，展示给来来往往的邻居看，燕子的脸红得仿佛能滴出血来，使她再也不想见人了。

从此以后，燕子再也没能逃出尿床的那片阴影。她不敢过集体生活，所以原本可以上外地名校的她，顶着母亲撕心裂肺的咒骂声，报考了当地的一所普通大学，只为不用住宿；她也不敢住单位的职工宿舍，不敢谈恋爱，只因为害怕自己某一天一不小心又尿床了……

有颜有才的她，原本可以拥有幸福美好的一生，却尽毁于此。

燕子说，面对这样的母亲，虽然自己内心也遭受伦理的谴责，但始终无法从心底真正的敬爱她，她和母亲的关系，更像是义务和责任。

现在你应该知道了吧，为什么有些父母言辞凿凿为孩子操碎了心，却始终无法得到孩子的心。

那些不懂得尊重孩子的父母，往往也是难以被孩子真正地尊重，这也许正是世界对他们的惩罚。

当父母以爱为名，对子女施以控制、强迫、折辱等精神暴力时，孩子与父母之间难以缝补的隔阂就形成了，而且，孩子一生的痛苦也许就从此开始了。

尊重别人，才能让别人尊重自己，这句话同样适用于亲子教育。

04

纪伯伦在《先知》一书中曾对家长们竭力呐喊：

"你的儿女，其实不是你的儿女；你可以给予他们的是你的爱，却不是你的想法，因为他们有自己的思想；你可以庇护的是他们的身体，却不是他们的灵魂，因为他们的灵魂属于明天。"

是的，我们的孩子，他首先是一个独立的个体，然后才是我们的孩子。他拥有自己的人格，拥有自尊、被尊重的需求，如果他的基本情感需求无法得到满足，他就难以和别人建立健康的情感关系。所以恳请各位手持"爱之权杖"的家长，千万不要随心所欲滥用职权，因为这个权利一旦使用不得当，将会把孩子一生的快乐与幸福埋葬。

贫穷，其实不会真正限制孩子的成长，但来自父母师长的精神虐待，却极有可能会促成一个问题儿童。

你对孩子的尊重，其实就是尊重他生命的完整性。

作为父母，为了给我们的孩子健康的爱，我真心希望各位家长能够发自内心地做到以下几点：

第一，不要对孩子持有偏见！

很多家长都不自觉地对孩子形成了一种带有偏见的认知，尤其是对那些以前"公认"的"坏孩子"。那么请各位家长换位思考一下，如果亲人对你持有偏见，你的情感世界该有多么挣扎？

偏见，会刺伤孩子的自尊，给孩子造成极其严重的自卑心理，让孩子感到自己处处不如别人，被父母乃至被所有人嫌弃，他们的内心是非常无助、焦虑而且绝望的。

更糟的是，有些家长一旦发现孩子在年幼时有不好表现，便断言："这孩子别指望他（她）有出息了！"与错误的失望情绪伴随而来的，就是他们对孩子的爱骤然降温，从此，孩子随时都能够领教父母的责骂与轻视。其结果，肉体施暴，伤及皮肉；心灵施暴，损毁自信。受伤的皮肉能很快康复，但受伤的心灵却可能一辈子也难以愈合。

第二，不要让别人家的孩子泛滥成灾！

有调查表明，在国内，有近三分之二的家长喜欢夸奖别人的孩子。这样做动机可能是好的：有的是为了刺激孩子，让他为自己感到羞耻；有的是为了激励自己的孩子进步……当然，也有人纯属是向孩子发牢骚，嫌自己的孩子不争气。无论何种情况，只要家长的比较包含着对自己孩子的贬抑，都是对孩子自尊的一种伤害。

拿别人的优点来与孩子的弱点比较，是一种消极的比较法，只能在孩子心里播下自卑的种子。家长越比较，他就越会感到自己是个"无用的人"，从而陷入"自我无价值感"的深渊，产生对什么都不感兴趣、破罐子破摔的心理。

"竞争"是重大压力的来源之一，它会打击人的信心，使本来已有的能力无从发挥。因此，经常将自己的孩子与他人相比的做法是很不健康的，结果往往是孩子变得更脆弱更经不起挫折和失败。我们要注意的是培养孩子克服挫折和失败的勇气，而不是使其成为竞争的牺牲品。

第三，不要当众批评孩子

想要摧毁一个孩子的自尊，非常简单，只要当众毫不留情地批评他就可以了。

网上看到一件令人心痛的事，一位家长不知出于什么心理，也许是为了显摆自己严于律子。他总是拍自己批评孩子的视频，并发到家长群里去，让老师和家长们跟着点评。

这直接导致孩子排斥去学校，不愿意和同学们交往，甚至一见到熟人就尴尬躲闪，这位家长的做法不但没有达到教育孩子的目的，还对孩子造成了极大的伤害，使他无地自容，在人前抬不起头来。

另外，在亲朋好友聚会时，有的人喜欢对主人的孩子夸奖几句。这通常是一种客套。可有的家长为了表示谦虚，在听到赞美时总爱说："唉，我这个孩子……很不让人省心！"如果孩子没有这些毛病，为了谦虚，家长这样说就不对，即使孩子真有这些缺点，也不应向外人张扬。

孩子到了一定年龄，他们知道自己的缺点，他们有羞耻心。自己的缺点家人知道没什么，但说与外人知道，面子上就会觉得过不去。所以，我们在与外人交谈时，谈到自己的子女绝不要揭短。因为父母无意间向外人讲自己孩子的缺点，无异于向第三者说他并非是一个好孩子，极端不利于对孩子的教育和孩子的健康成长。相反地，作为父母对孩子的点滴进步要时刻加以肯定。譬如在外人赞美自己的孩子时，父母可以说："是的，我的孩子最近进步很大！"这样孩子会更加奋发向上。

第四，不要使用暴力惩罚孩子

部分家长在孩子犯错时，处理的方式非常简单粗暴，就是使用暴力或者语言攻击，殊不知，打骂孩子正是对孩子自尊心最直接的伤害。

父母打孩子往往是出于一时冲动，大多没有经过深思熟虑，但却会造成不可弥补的严重后果——使孩子产生不良的心态和心理偏差。如孩子说谎，正是因为有的父母一旦发现孩子做错事就打，孩子为了避免"皮肉之苦"，瞒得过就瞒，骗得过就骗，骗过一次，就可以减少一次"灾难"。可是孩子的谎言往往站不住脚，易被父母发现。为了惩罚孩子说谎，父母态度更加强硬；而为了逃避挨打，孩子下一次做错事更会要说谎，这样就构成了说谎的"恶性循环"。

如果孩子经常挨父母的拳打脚踢，时间一久，他们一见到父母就会感到害怕，不敢接近。因此，不管父母要他做什么，也不管父母的话是对是错，他都只是乖乖服从。在这种不良的"绝对服从"的环境下成长的孩子，常常容易自卑、懦弱。

尤其是父母当众打孩子，会使孩子的自尊心受到伤害，往往会怀疑自己的能力，自感"低人一等"，变得比较压抑、沉默，认为老师和小朋友都看不起自己，不愿与任何人接近，性格上显得孤僻固执。

个性强一些的孩子，他们则会产生对立情绪、逆反心理。于是，有的孩子用故意捣乱来表示反抗。你要往东，他偏要往西，存心让父母生气；有的孩子父母越打越不认错，犟劲越大，常常用离家出走、逃学来与父母对抗，变得越来越固执。

最后，再奉劝大家一句：

你有一千种方法可以轻易毁掉孩子的自尊心，但自尊心的重建却一定会让你费尽心力，教育不容易，且行且珍惜。

有些人凭实力单身，有些人则是因父母单身的

01

张伟每次出门都要祷告——"千万别让我再遇到美女了！"

这是什么逻辑？爱美之心人皆有之，哪个正常的男人不爱看美女呢？事实上，张伟恰恰不正常。"因为这个怪毛病，我错过了一个很好的工作机会。"张伟说起此事就很郁闷。

一个月前，在朋友的引荐下，张伟前往一家金融公司面试，面试他的是位漂亮大方的女主管。张伟一见到对方就异常紧张，说话时不敢看人家，眼睛左躲右闪，就像做了什么亏心事一样，不得不低下头盯着自己的脚尖。过了一会儿，张伟开始感到自己的脸在发烧，心跳加速，全身发抖。面试到一半，他就说不下去了，被对方温柔地"请"了出来。

张伟也曾对自己进行过脱敏治疗。比如，有一段时间张伟乘公交车专坐美女旁边，逛超市刻意走在年轻女性身后，买东西只找妙龄服务员……结果，每次屁股还没坐热就赶紧换位子，没在人家身后走多久就赶紧调头离开，刚搭两句话就赶紧闪人……对张伟来说，真的是"美女如蛇"。

事实上，张伟是患上了异性恐惧症，这是一种较常见的心理病。

异性恐惧症属于人际交往障碍的一种，主要表现为对异性的过度恐惧，当事者本身有与异性接近的强烈愿望，但又对此有着严重的焦虑，他们越想要掩盖些什么，就越会遭到反噬，越发紧张、焦虑、恐惧，这让他们痛苦不已。

异性恐惧症在最初阶段，往往会被当事者及其周围的人误当作是内向、害羞，因而得不到及时的纠正，因此越来越敏感、自卑，然后才逐渐发展成为困扰生活的心理障碍。

那么，如果你的孩子非常内向、腼腆、害羞，不妨来给他做个心理评估，看看他是否具有异性恐惧倾向。

1.在异性面前，你的孩子是不是总是不知将手如何安放，眼睛不知道该往哪里看；

2.当遇到异性同学，他会不会尤其紧张、不安，甚至会因此而"生气"；

3.即使异性并没有和他接触，只是在他身边存在，比如公交车上并排而坐，他也会不知所措；

4.当异性小朋友主动找他玩时，他会为了掩饰自己的紧张而拒绝交往；

以上表现，如有 2 条以上在孩子身上持续发生过，说明他有可能患上了异性恐惧症，请及时帮助他予以科学纠正。

02

"天啊，全中！"张伟痛苦掩面，感觉生无可恋。

"既然发现了问题，我们就要勇敢解决它，你还记得自己从什么时候开始面对异性时就会惶恐不安的吗？"身边的朋友认真地问张伟。

"其实我从小就被灌输'男女授受不亲'的观念，上小学时便开始和女生划'三八线'。而且父母一再强调不准早恋，我也尽量避免和女生来往……"

"都是'传统观念'惹的祸啊！"朋友苦笑着摇了摇头。

也许是受几千年封建传统观念的影响，很多家长对于异性关系的理解仍然是狭隘和片面的。因而当孩子到了一定年龄，他们就会一遍又一遍地告诫孩子："不准和男（女）孩子走太近""男女授受不亲"……而像张伟一样深受父母狭隘观念影响的孩子，极易形成一种对异性总是高度戒备、高度紧张的心理状态，他们潜意识里把异性视为洪水猛兽，从而产生恐慌。

"我初中是在镇上读的，因为年龄小离家又有点远，附近村上的男孩女孩们便结伴同行，相互壮胆。"张伟继续回忆着，"其实那时候想法挺单纯的，男孩子嘛，应该保护女孩子的。但我妈知道以后，非说我跟同村一个女孩有早恋的苗头，明令禁止我和对方一起上下学，有时甚至偷偷跟在后面盯梢。只要看到我和对方同路，当场拦住，当着很多同学的面对我就是一顿批评，弄得我和那个女孩都尴尬死了。后来，几乎全班女生都不敢和我说话了。而我，一和女生接触就心跳得厉害，双手冰凉浑身发抖，总感觉我妈就在身后盯着我呢。"

我曾在自己的公众号中对加关注的家长们进行过一次提问调查，惊讶地发现，虽然我们的社会已经进入开放时代，但仍有 17% 左右的家长为了防控孩子早恋，采取耳提面命、呵斥打骂、跟踪调查等极端方式限制孩子与异性交往，而在他们的孩子当中，患上不同程度"异性恐惧症"者大有人在。

马克思曾说过："人和人之间的最直接的、自然的、必然的关系是男女之间的关系。"那些从小就害怕、躲避、高度戒备异性的孩子，他们长大以后该怎样面对异性领导、同事、朋友、恋人呢？你总不希望他身边的所有人都是同性吧。

所以，父母不能因为害怕孩子"早恋"，就不由分说切断孩子与异性之间的一切交流，这与饮鸩止渴无异。

03

其实，孩子之间的异性交往，只要能"发乎情，止乎礼"，那么就没什么问题；相反，家长的一味控制与限制，才会让孩子产生真正的大问题。

对于青少年的异性交往问题；曾有儿童心理学家提出，不如试试把"早恋"变成"早炼"，只要引导得当，这不失为一个好方法。

就像大禹治水一样，"疏"不是比"堵"的效果更好吗？

给大家提几点建议：

第一，正确对待孩子的性教育

在中国家庭中，大多数父母对于性教育都采取避而不谈的态度，导致孩子在遇到与性有关的困惑时无法接受正确的指导。因此，这些生理发育趋向成熟而心理发育滞后的孩子，往往就容易陷入情感误区，成年以后，他们仍受其困扰，进而形成了与性别有关的异性恐惧、恐婚、恐亲密行为等心理障碍。

父母应该试着转变思维，不要一味回避孩子的性别问题，给孩子符合他年龄段的回答。简洁地对孩子解释，而不是给他上一堂复杂的科学或者道德课程。如果回答不了，就找一本简单的书，和他一起阅读。

第二，引导孩子对两性关系形成正确认知

由挫折导致难堪，会引起心理上的反感，有些孩子害怕与异性交往，是因为曾发生过令其不堪回首的经历。比如想和某位异性做朋友被嘲笑、拒绝，又比如曾遭受过异性同学的欺凌、讽刺与侮辱。

家长应该设法让孩子意识到，这个世界上多数人还是善良的，有人拒绝你、欺负你、侮辱你，同样也有人欣赏你、喜欢你、想要接近你，你应该勇于接纳，而不是躲避。

第三，引导孩子进行异性间的正常交往

接触得越少，就越不知道如何接触；越不知道如何接触，孩子在面对异性时就越不知所措；越不知所措，就越是紧张恐慌。如果孩子的异性恐惧症是由于与异性接触太少造成的，家长要通过增加孩子与异性接触机会来解决这个问题。

尤其是对于性格较为内向、敏感的孩子，我们更应该为其提供一个合适的接触平台，让孩子学会异性之间的正常交往。

第 2 章

其实很多孩子的社交商，
都被原生家庭给封印了

孩子的社交顽疾，多数出自家庭教育的偏离

01

《重庆时报》曾报道过这样一起事件：

重庆某大学男生肖某，颜值颇高，兴趣广泛，一手小提琴拉得非常美妙，最重要的是，该男生家庭条件优越，从小到大没缺过什么东西。然而，就是这样一个让很多同龄人羡慕甚至嫉妒的男生，有一天却因为偷同学东西而进了警局。

事情发生以后，大家都惊呆了。这样一个物质生活富足的孩子，为什么要去"偷"呢？肖某原本默然不语，直到警方介入，他才说了实话。原来，肖某一直交不到朋友，他很孤单、很痛苦，多次给母亲打电话哭诉自己的无助，而母亲只是强调"学业为重"。

肖某寝室隔壁有两个男生，关系很要好，这让肖某觉得自己很扎心。有一天。两个男孩和肖某发生了口舌之争，肖某一时激愤，就潜入寝室偷了两个男孩的手表和笔记本。肖某说，他只是想给对方一个惩戒。

然而，这毕竟是触犯法律的事情，因为涉嫌盗窃，肖某被警方取保候审。肖某的母亲此时后悔不已，满心歉疚地说："孩子从小就被要求学业为重，还要练琴，很少有自由玩耍的时间。更不用说交朋友了。是我们把孩子从小管得太严，却

忽略了他的性格教育。"

交往，是人的一种基本需求。人从幼年时起就开始具备寻找伙伴、进行交往活动的社会倾向。一个人，只有与社会群体相融，才能健康发展自己的个性、情绪情感、智商情商等等。

如果孩子在父母的约束下，错过了童年这个关键发展期，他就无法为社交活动建设扎实的根基，无法养成健康、有效的社交习惯，长大以后就很难与人正确相处。

02

不用怀疑，孩子的社交顽疾，多数出自家庭教育的偏离。

对于成长关键期的孩子而言，他们需要在群体中历练，而有些父母却没有给孩子这样的机会。

林临的父母都是教师，而且只有他一个独生子，所以对儿子的教育非常严格。

林临从小就被"圈养"在家里。林临的妈妈特别爱干净，其他小朋友到他家里玩，如果把屋子弄乱了，她会很不高兴，并警告林临，下次不要把小朋友带到家里来。就这样，林临的朋友变得越来越少，他也越来越不爱与小朋友们交往。

等到林临稍大一点，爸爸妈妈又常告诫他，外面坏人多，对谁都要提防点，做什么事都要小心。林临上初一那年，一天晚上，他上完自习，独自一个人回家，发现在一个小巷子里，几个社会青年正在殴打一个学生模样的男孩，父母的叮嘱顿时变成了他目睹的事实。他吓得瑟瑟发抖，拼命地跑回家。很长一段时间以后，这种恐怖感才慢慢消失。

然而，恐怖的意识虽然消失了，但恐怖的痕迹依然存在。此后每当林临看到陌生人，就会产生莫名的恐惧，在惶恐、矛盾、徘徊中，他变得越来越孤僻。

孩子不知道怎么去与人交往，一直被孤独困扰，其实更多的是家庭教育出了问题。

很多父母就像林临爸妈一样，他们觉得孩子有自己的陪伴就足够了，他们对孩子的社会性缺乏一种科学的指导。

而这样做导致的直接结果就是，你的孩子缺少朋友，老师让他以《我的好朋友》为题写篇作文时，他都不知道该如何下笔。

03

前一段时间身体不适，在医院候诊的时候，看到一个小女孩缠着妈妈不停地问话，各种各样千奇百怪的问题。

那位年轻妈妈兴许是被问烦了，一把将手机塞到孩子手里，"小祖宗，快自己玩去，让我静一会儿。"孩子手法娴熟地点开游戏，坐在一边开开心心地玩起了手机。

类似的事情我在别处也遇到过。肯德基店里，那位漂亮的年轻妈妈被孩子足足连续追问了半个小时，她一边优雅地喝着咖啡，一边细致耐心地回答着。后来她实在回答不出孩子脑洞大开的提问，就温柔地笑着说："这个问题的答案妈妈也不知道了，不如你去问问旁边的这位小哥哥怎么样？"孩子虽然一开始有点局促，但在妈妈的微笑鼓励下，很快就和旁边的小哥哥愉快地交流起来了。

一样的场景，不同的妈妈，不同的态度，便可能将各自的孩子领上不同的道路。

我们仿佛看到，第一个孩子后来只有一个好朋友——它的名字叫手机，她慢慢将自己和周围的人做了隔离处理。第二个孩子在妈妈的引导下，一直勇于打破"陌生"这道屏障，他慢慢地、良好地融入了社会这个大群体。

也许在此之前，你也只关心孩子的健康和成绩，也许在此之前，你也忽略了对孩子社会性的培育，但先别忙着追悔莫及，因为现在孩子更需要的是你的倾情助力。

第一，为孩子创造良好的家庭交往环境

好的家庭交往氛围是民主平等、亲切和谐的，以父母为中心和以孩子为中心都不合理。我们应当成为孩子的朋友——让孩子敢说、爱说，有机会说话；适当地让孩子参与成人的某些议论，使孩子敢于同成人交往；家庭中的大小事，孩子能理解的，应该让孩子知道；家庭中有关孩子的一些问题，更应该多听听孩子的意见和想法，不要什么都是自己说了算。

第二，为孩子多提供交往机会

我们应适当地带孩子进入自己的社交圈，让孩子到外面去串门，找小伙伴玩耍，也应该允许自己的孩子邀请小伙伴们到家里来做客。我们需要指导孩子怎样和小伙伴一起玩。例如，别的小朋友上门来玩耍，我们要讲欢迎的话，消除他的局促心理，还要叫自己的孩子以小主人的身份招待他，拿出玩具与其分享。

我们需要给孩子充分的时间让他和小朋友们一起玩耍，为他提供更多的交往机会，让他体验更多的社交乐趣。

第三，教给孩子交往的技能

为了帮助孩子成为同伴中最受欢迎的人，在交往中体验到真正的快乐，我们应该有意识地教给孩子一些人际交往的技能。如教会孩子社交礼仪，培养孩子合作精神、引导孩子乐于助人，等等。

塞攀尔·斯迈尔斯说过："友善的言行、得体的举止、优雅的风度，这些都是走进他人心灵的通行证。"这一切，都需要我们耐心而得体地传授给孩子。

有些人明面是在爱孩子，暗中却在毁孩子

01

小侄女雨涵是个聪明漂亮的女生。我的朋友，也就是她的爸爸是一家大公司的经理，她妈妈在一家医院里当医生，家庭条件比较好。在家里，她是爸爸妈妈的掌上明珠，要什么有什么；在学校里，她成绩优秀，是老师宠爱的"尖子生"。

良好的家庭环境，父母的疼爱，老师和同学们的赞誉，使雨涵产生了一种飘飘然的感觉，雨涵的爸爸妈妈也经常在我们这些朋友面前夸奖自己的女儿，为有这样一个聪明美丽的小公主而自豪。所有的这一些都助长了雨涵的自满和自傲。

渐渐地，雨涵变了。在家里，她只要稍不顺心就对爸爸妈妈发脾气；在学校里，更爱表现和炫耀自己，和同学们相处，事事都要拔尖儿，认为所有的好东西、好机会天生就是应该属于自己的。这样的一个女孩，大家当然都不会喜欢她，于是同学们开始疏远她，雨涵一个好朋友也没有，课间大家玩游戏的时候，只有她一个人远远地站着看着。

本来是爱孩子的，培养出她极度自我的性格以后，就是害了孩子。

每一个极度自我的人，他的内心深处都有一个紧缩着的"小我"，无论有任何异动，"小我"都能首先做出反应，并以自我保护为出发点产生阻抗心理，心理反应严重的还会将其泛化，表现为性情孤僻、喜怒无常、行为夸张、贪婪、自私、残忍和暴力……"小我"的能量非常可怕。

那些凡事以孩子为中心的父母，是时候该醒醒了。我们爱孩子没错，可是我们也要经常问一问自己：孩子是不是有点"以自我为中心"？她会设身处地地替别人着想吗？如果答案不那么令人满意，我们就有必要调整自己的教养方式了。

02

好在雨涵爸妈都不是糊涂人，知道"自我主义"的危害对孩子有多深，夫妻二人迅速行动起来，发誓这次一定要狠一点，将不合理的"自我主义"彻底从孩子身上驱除出去。

第一，讲道理

夫妻二人为了教育孩子，一个理科生、一个医学生，统统抱起了书本恶补国学，什么《论语》《道德经》《菜根谭》等等，理解透了再给孩子讲，"孝悌忠信礼义廉耻"全面覆盖，先讲故事，再讲道理，引经据典，旁征博引，滔滔不绝，煞费苦心。知识都学杂了。

小雨涵听得似懂非懂，最后夫妻俩索性直截了当地告诉她："以后在这个家里你排老三，妈妈是老大，爸爸是老二。你的身份不是小公主，我们也不是老奴仆，你不再拥有特殊地位，并且你要尊敬我们，爱护我们，让着我们……其他的容我们再想想。"

小雨涵都惊呆了："凭什么啊！"夫妻二人异口同声："就凭你最小！"

好吧，有点以大欺小的感觉了。

第二，说下手就下手，绝不含糊

道理说得再多，不如行动有效，从此以后，夫妻二人开始对孩子下狠手了。

1.旅行

以前一家人出去旅行，都是雨涵指哪就去哪，雨涵说东绝不往西，雨涵说去海南绝不去广西。有一次我们这帮朋友约好一起去长白山，结果因为雨涵一句"我要去北京"，他们夫妻二人就爽约了，非常令人扫兴。

今年我们又约了，大家决定去内蒙古草原。雨涵并不想去，这次雨涵爸妈没有妥协，按照少数服从多数的家庭政策，通过了去内蒙古草原的决议。

事实证明，没有按照小家伙的意愿来，她并没有闹得天翻地覆。我们刚出发时，这小姑娘还噘着嘴闹情绪，可一旦行程开始，望着沿途的风景，她早把自己的不满忘到九霄云外去了。到了内蒙古大草原，她比谁都能放飞自我。

2. 用膳

以前一家三口无论是在家里吃饭还是去外面改善，基本都是以雨涵的喜好为主。买菜、点菜之前先问雨涵想吃什么，买好菜再问雨涵怎么做。

雨涵妈妈说，有一次她买了条鲈鱼，准备清蒸，省事好吃又有营养，可雨涵非说要尝尝用鲈鱼做的水煮鱼是什么味道，这个过程有多麻烦不必言说。要搁以前，雨涵妈妈肯定二话不说就遵照雨涵小公主的旨意办。现在，按照家庭协议，意见不统一，少数服从多数，输的一方有意见，保留。

鲈鱼蒸好了，爸爸妈妈吃得津津有味。雨涵故作样子地坚持了一小会儿，然后就自己吃了起来，嗯，她也吃得津津有味，雨涵妈妈说，几次以后，雨涵就没那么任性了。后来大家小聚，我们也觉得这孩子比以前懂事多了。

3. 培养共理心

雨涵妈妈说，以前有朋友带孩子来家里玩，雨涵总是对别人家孩子置之不理，小眼神里写满了嫌弃，有时雨涵妈妈拿她的玩具招待小客人，她还直冲妈妈瞪眼睛，暗示阻止。

后来雨涵妈妈带她去朋友家做客，出门前跟她聊了聊这件事，说如果你去别人家做客，别人对你置之不理，还不肯和你分享玩具，你尴尬不、难受不、心里受伤不？雨涵懂得了换位思考，果然变化很大，现在她的朋友又逐渐多了起来。

03

其实，孩子就像一棵小树苗，家人给予他的爱，就像是他成长的养分。营养不良，小树苗固然生长不好，而营养过剩，小树苗也吸收消化不了，营养反而就成了一种负担。

现在很多孩子身上的"公主病""皇帝病"，其实都是家长溺爱的结果。如果你想帮助孩子"治病"，最重要的一点，就是先转移自己的焦点，别让孩子在家里总是高人一等，他在外面自然也就不会以自我为中心了。

以下是我整理的溺爱的几种主要表现形式，希望爸爸妈妈们一定谨慎对待。

第一，特殊待遇

孩子在家庭中的地位高人一等，处处特殊照顾，如孩子爱吃的东西放在她面前只让她一个人吃，爷爷奶奶可以不过生日，孩子过生日得买大蛋糕、送礼物……这样的孩子自感特殊，习惯于高人一等，必然变得自私，没有同情心，不会关心他人。

第二，过分注意

一家人时刻关照他、顺从他，亲戚朋友来了都围着他转，并且一天到晚不得安宁，甚至客人来了闹得没法谈话。

第三，轻易满足

孩子要什么就给什么，孩子的满足得来的非常轻易。这种孩子必然会养成不珍惜物品、讲究物质享受、浪费金钱和不体贴他人的坏性格，并且毫无忍让和吃苦精神。

第四，害怕哭闹

由于从小迁就孩子，孩子在不顺心时以哭闹、不吃饭来要挟父母，父母就只好哄骗、投降、依从、迁就。害怕孩子哭闹的父母是无能的父母，这会在孩子性格中播下自私、无情、任性和缺乏自制力的种子。

第五，当面祖护

有时爸爸管孩子，妈妈护着，有时父母教孩子，奶奶会站出来说话，这样的孩子会全无是非观念，因为他觉得自己时时有"保护伞"和"避难所"，这不仅会使孩子性格扭曲，而且始终无法学会如何面对错误。

孩子是自私自利还是热情大度，和父母的教育方式密切相关。父母的教育方式正确，孩子就会懂得分享、合作，与人友好相处；父母的教育方式不正确，孩子就会渐渐地凡事都以自我为中心、自私自利、斤斤计较，表现出不合群的倾向。

它是孩子的社交杀手，往往却由父母制造

01

网友小雨妈妈很苦恼地说：

"小雨是家里的独生女，自幼就被养得娇气。从咿呀学语起，家里好吃的、好玩的就首先都是'小雨陛下'的，这

使得小雨慢慢变成了'独娃娃'。

有一次，闺蜜来家里玩耍，这妮子估计是饿坏了，进屋顺手拿起小雨的奶油饼干就吃了一小把。

事实上，这些饼干小雨平时并不爱吃的。然而，当闺蜜把饼干塞进嘴里以后，小雨立刻发了脾气，哭着嚷着让闺蜜把饼干还给她，甚至还伸手要到闺蜜嘴里去抠抓。

尽管我对她连哄带吓，尽管闺蜜一再跟她道歉，并表示明天一定给她买个叶罗丽娃娃，但小雨就是不依不饶，打滚哭闹，场面一度非常尴尬。

最后，还是我们带她去了趟'迪士尼'，这事儿才算翻篇的。

至于小雨的玩具，更是别人的禁区。有一次表妹带孩子来家里，孩子看到小雨的天线宝宝非常喜欢，就想和她一起玩。但小雨却把天线宝宝往怀里一搂，白眼一翻，傲骄地说：'这是我的！你喜欢让你爸给你买啊！'

我又被她给弄得很尴尬……"

如果一个人一切以自我为中心，那么显然不会有人愿意和他亲近。

02

像小雨妈妈这样的尴尬，相信很多家长都遇到过。

我们客观地讲，孩子是错了，但都是孩子的错吗？不是的！

孩子的自私，往往是父母的错误教育所导致。

就目前的中国家庭状况来说，独生子女居多，随着生活条件的普遍提高，尤其是祖辈和父母众星捧月的态度，无形中就强化了他们的独占意识，导致孩子变得越来越自私。其最主要的表现形式，就是只在乎自己想要什么，想要做什么，而根本不去考虑别人的感受，更不愿意与别人合作与分享。

事实上，我并不赞成孩子一味无私，将一切奉献给别人，把所有的东西都与别人分享，这样的孩子是丧失了自我，等待他们的将是任人宰割。

但是，如果我们的孩子成了极端的自私主义者，把自己当成这个世界的王，认为所有人都应该是为自己服务的；如果他们在社会中不懂得感恩，不懂得推己及人，不知道同情与怜悯；如果他们连对父母、亲友、爱人都无法怀有宽容和仁爱之心；那么，你不焦虑吗？你不痛苦吗？你不寒心吗？

这样的孩子，即使有天纵之资，也无法成为社会的精英分子。

03

如果你反驳我说，那只是个案，我相信你已经走进了教育的禁区，教育讲究的是细致入微、防微杜渐啊，家长！

所以在情况变得糟糕之前，我们都应该及时了解孩子的心理状况，做到及时预防和改善。

以下是我针对孩子的自私陋习，给大家总结的几条建议，它当然不是名言至理，但一定会对你的家庭教育有所裨益。

第一，不要给孩子特殊地位

我们应该让孩子知道，自己在家庭中与其他成员的地位是平等的，对于孩子的任性、不合理要求，我们必须要摆手摇头。

我们必须使孩子懂得，你不是所有人的小宝贝，这个世界并不是以你为尊的，如果你不懂得尊重别人，那么一定有人会替父母教育你的！

第二，不要给孩子太多的关注

有位妈妈非常"疼爱"孩子，她把自己的全部注意力都放在了孩子身上，"宝宝你想要什么？""宝宝，谁惹你不高兴了？""宝宝，妈妈帮你教训他！"

结果，这个孩子越来越自私，越来越难管，越来越无法无天。

第三，一定要为孩子创造与同伴交往的机会

同龄人之间的交往，最容易让孩子学会分享。家长最好引导孩子和比他大一点的孩子一起玩耍，因为大一点的孩子不仅可以适当带领、照顾他，还可以教会他与小伙伴们友好合作的常识。

孩子在共同玩耍的过程中，自然而然就能学会虚心学习别人的长处、尊重别人的意见、珍惜与彼此的友谊、不把自己的想法强加于人等诸多社交技巧，这可是比我们碎碎念念要有效得多！

最后，我也碎碎念一句——当孩子出现这样那样的问题时，我们首先应该指责的是自己。

那些被谁谁谁吓大的孩子，看见谁都害怕

01

有一次在肯德基用餐，邻桌一个八九岁的男孩央求妈妈让他去门口玩一会儿，并且保证不会离开妈妈视线，妈妈立刻拒绝他："不行，外边都是坏人！小心把你抓走！"男孩果然不敢移动半步。

我心里一阵无语，这样管教孩子真的好吗？我见过一些小孩，他们总是对别人心存戒备和恐惧。现在想想原因，是不是也是因为被父母有意无意地放大了这个世界的危险呢？

诚然，这个世界的确存在阴暗和危险的一面，这一点确实应该让孩子知道。但在这个并不完美的世界里，同样有很多真善美的人和事值得孩子们去拥抱。让孩子听话，可以有很多方法，而"外边都是坏人"绝不是一个好选择。

还记得那段"悲伤网事"吗？某地警察叔叔痛心疾首地奉劝各位家长：

"请不要告诉你的孩子，如果他们调皮我们会把他们抓走。我们希望，他们害怕的时候会跑向我们，而不是被我们吓跑。"

警察叔叔的硬核奉劝，瞬间戳中许多80后、90后的泪点，是啊，我们这波人，谁不是被警察叔叔吓大的呢？

恐吓，这是中国最奇葩的传统教育方法之一，与警察叔叔同样"恐怖"的还有医生伯伯、护士阿姨、吃人灰狼，妖魔鬼怪，以及满世界无处不在的坏人。这些人物、动物、妖物时不时就来孩子们的童真世界里客串一下，其频繁程度甚至让我当年都觉得：想当个天真可爱的小孩子怎么就这么难呢，我是不是不应该来到这个充满危险的世界上啊？

后来，当我日渐成熟，顿时恍然大悟：原来一直以来我都被爸爸妈妈欺骗着！瞬间有点心痛迷茫了——说好的人与人之间的信任呢？

毫无疑问，在孩子眼中，父母是最值得信任的人，他们天真无邪地认为，爸爸妈妈是肯定不会欺骗自己的。所以当父母说出"让谁谁谁把你抓走"的时候，孩子的内心是无比恐惧和崩溃的。

在国内某知名论坛，很多网友都曾诙谐地描述过这种被父母支配的恐惧，让人笑着笑着不禁心有戚戚：

沈阳小虎一米八五："8点前不睡觉，会被猫脸老太吃掉"——吓了我快十年，都留下阴影了，十五岁之前一见到老奶奶我就想跪。

为什么我不是小宝贝："你再不听话，就把你丢出去喂老猫"——足足到了十几岁我才知道，原来老猫根本不吃人，可是我直到现在都不敢和猫对视，求本小主心理阴影面积有多大。

风中摇曳的狗尾花：小时候妈妈总拿警察叔叔吓我，有一次上学看到一辆警车停在路边，吓得我绕远道走了一个月，每天都无比忐忑，就觉得警察叔叔是冲我来的，上课总走神。

我叫何大壮："妈，我想出去玩""赶紧学习，就知道玩，看见外面骑摩托的没，都是抓小孩的，小心他们把你抓走"——真的，我现在突然听到身边响起摩托车声，都会习惯性惊恐，搞得周围的人都拿看傻子的眼神看我！

……

这件事，很多家长其实感同身受，毕竟现在的育儿主力正是80后、90后那一波人，他们当初被父母吓得到现在还心有余悸。余悸之余，他们猛然发现：嘿，你别说，这招还真有用！于是变成了和自己父母一样的人。

——**可怜的孩子们**……

02

对于孩子来说，你无心的一句话，就可能令恐惧在他们心里扎根，恐惧到真遇到危险的时候，他们甚至不敢向警察求助！

你不应该利用他们的天真，就对他们加以欺骗，而且，你能完成这个欺骗，是因为他们对你无条件的信任。

说一件险些家破人亡的事情。

去年临近春节的时候，一位老人冲进派出所报案，说自己的孙女丢了。

在办案民警的询问下，老人说出了事件经过。原来，事发当天老人带着孙女去超市买水果，结账的时候，小女孩看到超市门口的摇摇乐不由自主走了过去，等到老人结完账一抬头，孩子没了！

老人凄厉的悲号惊动了超市的所有人，在工作人员的帮助下，他们迅速赶到附近派出所报案，因为案发地处在市中心区域，摄像头全面覆盖，而视频播放出来的场景，则让在场的所有人心情非常沉重。

第一个视频中，孩子和一个中年妇女走在一起，看见路边执勤的交警，她的表情动作分明是想求救，但犹豫了一下，并没有。

第二个视频中，孩子和中年女人路过一座高档小区，看到门口穿着制服的保安，她又有了求救的举动，但还是没有作声。

幸运的是，办案人员依据线索果断行动，最终在长途客运站将孩子救了下来，再晚一点，人间可能就又要多出一幕悲剧了。

后来询问孩子才知道，奶奶嫌她太爱动，总对她说："你再不安静，就让穿制服的警察把你抓走。"所以孩子对穿制服的人有一种莫名的恐惧，才犹豫着不敢求救的。

因为这件事，孩子的奶奶急出了心脏病，进了急救室，这是孩子找回来了，如果孩子没找回来，结果不敢想象。

然而，除了这个幸运的小女孩，在我们不知道的地方，又有多少本可以得到警察帮助的孩子，却无助地走失在茫茫人海？

请听好："吓唬"孩子这件事，有时候是和人命息息相关的！

这样的做法绝不是"为孩子好"，而是给自己的不负责任找理由，利用暴力信息和负面情绪控制孩子稚嫩的内心，这是教育吗?

03

孩子因为恐吓而服从父母的要求，父母是省事省心了，殊不知，信以为真的孩子们却受到了极大的伤害，他们会产生极度的不安全感，对周围的人无法形成起码的信任，他们将自己封闭在一个生人勿近的小圈子里，也许一辈子都走不出去。

我接触过一个女孩，非常漂亮，很有才华，却有很明显的"陌生人心理障碍"，这导致她一直在事业上无法取得决定性的突破。知情人透露，女孩之所以如此，完全是被她父母"吓坏的"。

据了解，女孩刚上初中那会儿，有一次和父母在客厅里看电视，荧屏上正在播放一条新闻，是关于"少女失联"专题的法制报道。妈妈看过报道以后，再三叮嘱女孩:"现在外面坏人很多，你一定要小心，千万不要在外面闲逛，放学就立刻回家!知道吗?"

女孩一开始不以为然，不过，看到妈妈紧张自己的样子，就礼貌性地回了一句:"知道了，您放心。"

过了几天，妈妈又和女孩说了这样一件事情:"今天我在报纸上面又看到一篇报道，说有一些心理变态狂专对你这样的妙龄女孩下手，你以后出门可千万当心，外面真的有很多坏人!你知道妈妈整天有多担心你吗?"

女孩听了妈妈的话，有点害怕了，每天放学，凡是看到长相"凶恶"的异性，她就担心是变态杀人狂。于是越想越怕，最后无比恐惧地一口气跑回家，就像身后真跟着什么洪水猛兽似的。

就这样，女孩每天除了上学放学，几乎足不出户。她心想，这样待在家里，应该就安全了吧！

后来，女孩大学毕业，参加工作，除了上班下班，依然几乎足不出户，她对谁都不信任，几乎没朋友。她自己也很苦闷：工作会议上有好想法不敢发言，因而得不到领导重视；同事关系处不好，一步步成了办公室边缘人；会见客户总是胆战心惊，尤其是男客户，原本设计好的话术，在男客户面前就变得语无伦次。她说，自己现在很想换一份不实际接触人的工作，但是，这种自由性质的工作又不是每个人都可以做的。

父母出于对孩子的爱护，怕孩子受到伤害，也常常会以吓唬的口吻嘱咐孩子"外面坏人很多"，并且往往附带案例说明，言辞凿凿。胆大的孩子或许一开始不以为然，可耳濡目染，再胆大的孩子也会心生恐惧，而那些本来就胆小的孩子，只会越来越胆小。

像女孩那样，认为"只有待在家里才不会遇到坏人"，缺少了进入社会前的必要锻炼，又怎么能适应这个社会呢？

04

做父母的，应该清楚地意识到，随着孩子的成长，他与外界的接触会越来越多，孩子是社会中的人，只有在适应社会的过程中，才能获得社会的价值观念、行为规范和知识技能，从而不断成熟。你无形中将孩子与社会阻隔，他们就无法健康地长大。

所以，如果你希望孩子将来成为一个健康的人、健全的人、有用的人，那就不要再随意吓唬他们，不要让孩子的心灵装进恐惧、忧虑、悲伤、憎恨、愤怒和不满，这些情绪和情感有害于孩子的神经，引起身心虚弱，影响身心健康。

事实上，除了恐吓，我们有很多方法让"不听话"的孩子乐于听话。

第一，如果孩子调皮捣蛋不听话，家长要学会转移他的注意力。 比如，利用孩子感兴趣的事物，将他的注意力吸引到别处，让孩子暂时忽略眼前事物，等事情过去以后，再找机会和孩子耐心沟通，让孩子明白爸爸妈妈为什么不允许他那样做。

第二，对于可能威胁到孩子安全的事物，家长在日常生活中就应该有意识地向孩子进行讲解。 爸爸妈妈应该在生活点滴中对孩子进行安全教育，培养他们的安全意识，但不要危言耸听用恐怖的事情阻止孩子向外探索。

第三，放下高姿态，与孩子平等地进行交流。 很多家长常困惑地问："为什么和孩子沟通那么难啊？"其实原因就是，家长们总是爱摆出一副高高在上的样子，因此孩子虽然敬畏他们，但却无法理解他们，总觉得跟爸爸妈妈缺少"共同语言"。如果家长期望孩子能够接受自己、接近自己、听从自己，那么就必须要放下高姿态，在家庭中建立起民主、平等的良好气氛。

其实让孩子听话并不像江湖传言的那么难，让孩子听话的好方式也有很多种，但"恐吓"绝对不在其中。有很多人，他们童年时受到恐吓，成年后依然被梦魇纠缠，即便他们知道那是骗人的。

孩子社交能力差，多半是父母干涉的

01

同事的女儿张雅，今年 13 岁，一个很优秀的小姑娘，学习成绩优异，性格开朗大方，为人真诚热情，深受老师和同学们的喜爱，也是同事夫妻二人心中的"甜美小骄傲"。

今年暑假，小姑娘参加了一个夏令营活动，进营没多久就被辅导员"钦定"为自己的小助手，对于女儿出色的自理和社交能力，同事也是沾沾自喜，那种小自豪溢于言表。

有一天，同事突然接到孩子电话，感觉孩子情绪很差，难道她在夏令营里出事了？

以下内容来自同事的转述：

"雅雅，告诉妈妈你怎么了？有人欺负你吗？"

"妈妈，我们原来的辅导员生病休假了，新来的男辅导员……"

"他怎么你了？！"

"今天早晨我没有在规定时间内将全部队员召集到用餐处，他当着所有人的面训了我，真的特别尴尬，我都不知道以后怎么做大家的组织工作了。"

孩子的话语中充满委屈，妈妈心中疼惜不已："你只是义务性地做辅导员助手，他不应该这样苛责你，你放心，妈妈会给夏令营负责人打电话，让他跟你们的辅导员好好谈谈。如果还是不开心，就别做这个助手了，多一事不如少一事。"

同事认为，她替女儿"伸张了正义"，非常解气。

而我却认为，这样不可以！

02

客观地说，妈妈心疼女儿，确属人之常情，而且不无道理。

根据母亲对孩子的了解，张雅应该是个很靠谱的助手，她没能按时召集队员，想必也是事出有因。辅导员不由分说不分青红皂白地当众批评孩子，没有考虑孩子的心理感受，并且使孩子在小伙伴面前威信丧失，这一点非常欠考虑。

但是，妈妈在女儿面前这样指责辅导员，会使孩子心中的委屈大过理性，她便不会再客观检视自己有无过错，却会将心中对于辅导员的怨愤进一步扩大，这非常不利于孩子正确处理二人之间的工作关系。

再者，女儿所诉说的委屈，毕竟只是一面之词，母亲在没有详细了解前因后果的情况下，就主观发表护短意见，这是非常不妥的。更不妥的是，妈妈当着女儿的面表示，要亲自去找夏令营负责人交涉这件事，那么女儿日后在处理人际矛盾时，是不是会不管自己对错，都倚仗父母出面解决呢？

孩子如何处理人际关系，应尽量交给孩子来处理，父母

尽量不要介入其中，剥夺孩子学习和成长的机会。

当然，当孩子向我们倾诉委屈时，我们也不能置之不理，更不能为了刻意不护短，不由分说先批评孩子——"都是你的错！"这对孩子不公平，也不合理。比如，孩子由于辅导员的粗暴、老师的偏心、邻居的闲话等等，而和他人发生争执，如果父母不替自己的孩子合理辩护，反而一味替这些人说好话、找理由，孩子能服气吗？他能不伤心吗？

当孩子感到委屈、情绪低落时，父母应该及时给予合适的安慰："孩子，你的心情我能够理解，你一定觉得很难过，你可以跟妈妈（爸爸）开诚布公地说一说，但愿我们的谈话可以让你心情变好一些。"

然后我们要做的是，帮孩子剖析一下整个事件的前因后果，让孩子客观确认一下，矛盾的发生自己有没有责任："新辅导员是个男生，可能耿直了一些，不注重与人谈话的方式。但你没有做好工作任务，也应该适当审视一下自己的不足，努力弥补缺点让自己变得更加优秀。另外，学会与各种各样的人相识相处，处理好人与人之间的各种问题，也是你参加夏令营的学习任务之一，如果你能够自己想出办法处理好你和辅导员的关系，对你来说将是一个非常了不起的成长，你觉得呢？"

这样做，我们既可以避免越俎代庖替孩子处理问题，给孩子留下思考和成长的空间，又能为孩子的学习和成长提供一些切合实际的指导和帮助，这才是教育该有的样子。

我同事在和女儿的对话中，另一个比较严重的错误，就是提议女儿不开心可以"辞职"。这是明晃晃地怂恿孩子逃避责任，躲避困难。一个人，如果遇到困难或者对人际关系不满，一言不合就撂挑子，置责任于不顾，他怎么可能脱颖而出并出类拔萃呢？也不会得到别人的尊重。

03

社会说到底是复杂的，我们必须给孩子提供各种各样的机会让他们学习各种各样的方法去应付它，而不是以我们的护犊之情将他们与有点残酷的现实隔离开。孩子与社会联通的最关键一点，就是学会与各种人事打交道，我们需要做的，是帮助孩子根据自己的意愿建立良好的人际关系，绝不是用我们的希望来操纵孩子的现实。

父母过多介入孩子的成长，一定会极大限制孩子生存能力的培养，让他不能自主地判断事物，失去较好的成长机会。具体到社交来说，父母应该给孩子必要的社交权，让他们在一定程度上自己去判断善恶，自己去把控好坏，而我们要做的则是，在大方向上把好关，合理地给孩子提供建议，尽量让孩子自主去选择。

最后，把北大才女赵婕的一段话送给大家："我钦佩一种父母，他们在孩子年幼时给予强烈的亲密，又在孩子长大后学会得体的退出，照顾和分离都是父母在孩子身上必须完成的任务。"

亲子关系不是一种恒久的占有，而是生命中一场深厚的缘分，我们既不能使孩子感到童年贫瘠，又不能让孩子觉得童年窒息。

做父母，是一场心胸和智慧的远行。不仅仅是做父母，人生的许多时刻都应该懂得进退。

不求孩子完美，不用替我争脸，更不用帮我养老。只要这个生命健康存在，在这个美丽的世界上走一遍，让我有机会与他同行一段。

你们家的孩子，为什么只会用暴力解决问题

01

豆豆4岁了，爸爸妈妈把他送进了幼儿园，一段时间以后，老师向豆豆妈妈反映，豆豆在幼儿园的表现很不好，因为他太暴力。

场景一： 老师提问，豆豆举手，朗朗也举手，豆豆用手打朗朗，说自己先举手的，朗朗不许跟着举手。

场景二： 老师带同学们画画的时候，豆豆冷不丁在妞妞已经画好的画上涂了一笔，原因竟然是不准妞妞比他先画完。老师温和地批评了他，妞妞本来都气哭了，看到老师批评了豆豆，也就算了，展开一张纸准备重新画，可是老师刚一转身，豆豆一把抓过妞妞的新画纸揉作一团。

情景三： 豆豆妈妈听过老师反映的情况，表示一定会好好教育豆豆，帮助他改正缺点。和老师道别时，豆豆对妞妞说："是你害我被老师告黑状，看我明天怎么收拾你！"妞妞妈妈怒目相向，老师连忙制止，豆豆妈妈一脸尴尬。

场景四： 回到小区，豆豆想要在小区的儿童广场玩一会儿，可豆豆妈妈刚一转身，他居然抢了别的小朋友的跷跷板。

豆豆妈妈严肃批评他，他怒气冲冲地挥动小拳头就要打妈妈。

豆豆妈妈现在非常苦恼，可谁让自己把孩子从小就惯坏了呢。

孩子很小的时候，他们不能清楚地表达自己的意图，他们想要什么东西，往往会选择直接动手去抢，这对孩子而言是最直接有效的方法。有时孩子为了得到自己想要的东西，甚至还会抓人、咬人、打人。如果他们的这种行为家长一直听之任之，慢慢就会变成一种习惯性行为。

是的，我们平时一个不留意，就可能让孩子变得很暴力，现在豆豆妈妈很后悔，她把孩子送到人际圈中，才真切地看清孩子的优点和缺点。好在孩子现在才 4 岁，还有足够的时间和余地去挽救。而那些父母没有及时醒悟的孩子，结局可能就不那么美好了。

02

有这样一个男孩：他很聪明，成绩优异、家境优越，父母对他宠爱有加。可他却在 13 岁那年，用刀捅伤了同学，进了少年劳教所。

后来，他对发生在自己身上的悲剧做了反思：

"从小到大，爸爸妈妈给我的教育就是：只要学习好，犯了什么错都不是错，父母都不会责怪我。因此，我变得很任性。可能是任性造成了我的一种霸气，我的个头在班上最高，成绩也好，同学们都很服我。

"上中学时，爸爸妈妈告诉我要我学习好，然后就是在外不要吃亏，不要被别人欺负。如果我吃了亏，被别人欺负了，他们肯定会认为我窝囊，没有用。记得我小时候，有一次我带了玩具飞机去幼儿园，小朋友们抢着玩，有一个小朋友玩着玩着居然不给我了。我急了，夺过飞机就朝他脑袋上刺去，把他的头刺出了血。家里赔了人家钱，我很害怕，以为回家要挨打。哪知道，爸爸妈妈并没有责备我。

"我读小学四年级时打了同学，同学父母找到我家里来，我爸爸向人家赔了不是。送走了人家后，他对我说：'看这小子，懂得教训别人了。'妈妈告诉我，只要不被别人欺负，怎么做都行。当我去中学读书时，她对我说，现在的孩子都很霸气，你要是不让别人怕你，你就会被别人欺负。现在回过头来想想，我觉得父母对我的这些教育是不正确的，我在学校的打人习惯正是父母错误教育引导的结果。"

这个悲剧也引起了很多父母的反思，于是他们纷纷严厉管教孩子，纠正孩子的暴力倾向。但一些父母虽然有这个良好心愿，却往往不知道怎样合理教育孩子，因而就产生了反效果。

03

刘宇是个7岁的孩子，刚刚上小学一年级，这半年来，他已经给父母惹了一大堆麻烦，为什么呢？就因为他爱打人！

上学才三天，刘宇就把一个小女孩的膝盖踢破了，后来又把同学的头打破了，再后来还用铅笔划伤了同学的胳膊……为了这些事，爸爸妈妈骂过他，打过他屁股，可他还是一犯再犯。

有一天，父子正在看电视，电话响了，爸爸接完电话怒气冲冲地拉过刘宇就是两巴掌，刘宇委屈地大哭大叫，爸爸更生气了："说过一百遍了，不许打人，你还敢再犯，今天打死你算了！"爸爸又打了下去，这一次，刘宇竟然挣扎着用小拳头打爸爸，这让爸爸更生气了："真是太过分了，竟然打你老子！"结果，那天爸爸狠狠地打了刘宇一顿后，把孩子丢回房间去"反省"。刘宇一个人在地上哭得稀里哗啦，不明白为什么爸爸可以打他，他就不能打人，最后他得出了一个结论，那就是他不能再打同学，只能打比自己小的孩子。

孩子是父母的影子，当父母面对问题时，习惯用暴力解决，那么孩子就会理所当然地认为，暴力可以解决一切。这也就解释了，为什么在暴力家庭中长大的孩子，往往更容易产生暴力倾向。

其实面对孩子的暴力问题，不管是家长还是老师，首先最重要的是，不能把孩子定性为"坏孩子"或者"问题儿童"，这种定性对孩子的伤害非常大。

孩子在幼年时期，很多性格特征和心理特征都没有定型，他们往往只是具有暴力的倾向，离真正的问题儿童还差很远。他们需要的是宽容的接纳和耐心的引导，而不是一味地管教和指责。

那么，我们应该怎样帮助这些有"暴力倾向"的孩子呢？

第一步：指出错误，点明其危害。比如在这个事情中，爸爸就不应该拉过孩子就打，而应该先让孩子知道自己犯了什么样的错误，要指出打人是一种野蛮行为，是为人所不齿的，没有人会和打人的孩子玩，再这样下去，他就会失去所有的朋友。

第二步：冷静分析，化解冲突。如果孩子之间发生了冲突，父母一定要保持冷静，不要立即大声呵斥孩子，让他停止争吵，更不能因为害怕自己的孩子吃亏而护着孩子。应该让孩子自己说清楚发生冲突的原因，然后让他自己提出解决冲突的方法，或者为孩子提一些解决冲突的建议。

第三步：讲明道理，传授方法。比如，当孩子在玩自己心爱的玩具的时候，别的孩子可能过去抢他的玩具，孩子急了就会打人。这时候，父母应该教育孩子对抢他玩具的小朋友说："这是我的玩具，让我先玩一会儿，等会儿我给你玩。"或者让孩子友好地与其他小朋友共同玩。

第四步：角色互换，引导换位思考。父母应当让孩子意识到，打人是一种让人不能容忍的行为。在孩子打了人后，就用对比法给他分析问题。例如，"孩子，如果有人打破了你的头，让你流血了，那妈妈一定会非常伤心，非常难过，因为妈妈爱你，希望你永远平安。其他的小朋友也有妈妈，他们的妈妈也爱他们，你打伤了那些孩子，他们的妈妈该有多难过啊！"这种对比可以让孩子深刻认识到自己的错误，反省自己的做法。

第五步：警告。父母应该告诫孩子，不要用武力解决和小朋友之间的冲突。父母绝对不会原谅他的打人行为，如果孩子再犯这种错误，就将受到严厉的惩罚。

需要注意的是，告诫并非单纯的责备，更不是一棍子打死，而是综合运用比较、劝勉、激励、警告等多种形式，软硬兼施地达到教育目的。

改造家中的"暴力儿童"，亦不是一天两天就可以做到的事情，家长的耐心和恒心一定要够用。我们只有在日常生活中逐渐渗透，潜移默化地去影响，孩子才能真正学会控制自己的情绪，约束自己的行为，将自己的暴力行为一点点改正。

第 3 章

注意！孩子的社交难题，
受碍于不健康的社交心理

这样的话千万别说，否则孩子只会越来越害羞

01

早上上班，在楼下遇到邻居阿姨带着她的小孙子遛弯，我跟小家伙打招呼，阿姨赶紧催促孩子"快叫人"，孩子往阿姨身后退了退，不吭声。阿姨勉强笑了笑说："这孩子随他爸爸，太害羞了，没出息。"我赶紧说没关系。直到走出十几米远，我还能听见阿姨的批评声和小孩的哭声。

说实话，看到这样的情境其实心里挺替孩子难过的。我家孩子性子也有些腼腆，也是见人不爱打招呼而且躲躲闪闪，我也因此焦虑过。但我越焦虑，越是急着把孩子往外推，我发现孩子的害羞程度越发严重了，甚至变得有些自闭，即便是在家里也很少说话了。

我意识到自己犯了一个"揠苗助长"的错误，对于孩子的引导和教育，我们急不得。后来我改变策略，循序渐进、潜移默化的耐心诱导，小家伙变得开朗多了。

毫无疑问，孩子都希望自己成为好孩子，但对于害羞的孩子来说，他们最怕的就是爸爸妈妈对于自己的批评和指责。事实上，孩子原本已经对自己的害羞行为深感不安了，如果这时爸爸妈妈还不依不饶地训斥责怪，孩子幼小的心灵就会不堪重负，长此以往，他还会因此失去自信，变得懦弱低迷。

所以说，孩子害羞，家长就算很焦急，也不要因此惩罚或指责孩子，更不要强迫孩子马上去表现自己，害羞的孩子比其他孩子更需要理解和尊重。我们应该让孩子明白，爸爸妈妈是理解你的，并且正在帮助你战胜害羞这个家伙。当孩子感受到来自父母的支持以后，他们会有信心战胜一切。

不知道大家有没有看过这样一段对话：

一位妈妈关心地问9岁的儿子："腼腆是什么感觉？"

儿子回答："就像被咒语镇住了，四肢都发僵。"

妈妈则说："我们深信不管它多么严峻，在爸爸妈妈的协助下你都能战胜它！"

男孩听到这种鼓舞后说道："就像仙女飘然而至，魔咒被解除了。"

02

我们经常能看到这样一种家长，他们不知出于什么心理，很爱给自己的孩子贴负面标签——"我家孩子笨""我家孩子傻""我家孩子很害羞"……

结果呢？

有个小男孩，到幼儿园快两个月了，他几乎不开口说话。而根据老师观察，他的智力完全没有问题，孩子妈妈也说孩子在家很爱说话，但在幼儿园就是不开口。老师一直百思不得其解，终于有一天，老师发现了问题所在。

周一早晨，孩子妈妈送孩子来上幼儿园，进门以后要孩子向老师问好，孩子只是在旁边羞涩地笑，无论如何也不开口，孩子妈妈这时尴尬地说道："我这个孩子从来不说话的，急死我了，也不知道能不能改了？"——当时孩子就站在老师的身边。

在这里，我想奉劝诸位家长一句——想要改变孩子，首先请改变自己！改变的首要一点，就是别给孩子贴上任何负面的标签！

有很多父母，遇到孩子不肯在人前表现时，就逼迫孩子，实在不行，就自我解嘲说："我家这孩子没出息，就是这样胆小害羞。"

对父母来说，这可能只是一时情绪的发泄，然而对于孩子来说，这些"标签"却像魔咒一般，也许终生难以擦除。

这样的做法，实际上不仅仅打击了孩子的努力，更是给孩子一个永世不得翻身的诅咒：你就是这样的人，你就是胆小害羞，那些事情对你来说根本没法做到……

孩子就像一张白纸，你给他贴涂上什么，他就会变成什么。有时孩子原本没有爸妈想象得那样胆小害羞，但因为爸妈不断地责备，孩子变得瞻前顾后，退缩不前。

——因为我很害羞，我可以不用向人问好。

——因为我很害羞，我可以单独一个人玩，不用和其他小朋友一起交流和互动。

孩子的可塑性很强。每一个孩子，都可能表现出某些方面的积极行为，而在另一方面则可能表现出消极的行为。教育的作用在于，引导孩子朝积极的方面发展，而给孩子贴上消极的"标签"，是给孩子的一个定性的消极评价。

积极的期待催人进步，消极的期望则会将人推向歧途。如果父母总是以消极的评价定位孩子，给孩子贴上"胆小""害羞""什么事都做不好"等消极的标签，孩子会认为标签就是自己的属性，从而放弃努力，成为那个令爸爸妈妈头疼的"问题儿童"。

所以，不要随意给孩子贴消极的"标签"。多看看孩子身上的闪光点，多关注他的细微进步，用积极的"标签"来鼓励他，你会发现自己的孩子就像你希望的那般出色。

03

那么具体到孩子害羞的问题上，我们该怎样帮助他们呢？

做到以下几点，你的孩子一定会离害羞越来越远：

第一，对孩子进行感情投资。美国心理学家坎贝尔提出：要使孩子心理健康，爸妈和长辈要作出相应的"精神投资"。爸妈要注意及时表扬孩子的优点，使他们为自己骄傲，从而更好地建立自信心；要深情地注视孩子，和孩子进行温馨的身体接触，一心一意地关心孩子。

第二，接受他有害羞的事实。孩子也是一个有主见的独立的个体，他完全可以不按你的愿望行事。不要因为他没有听你的话而发火，否则他会更退缩。

第三，不要当众指责他的行为。说他害羞是恶劣的、丢人的、不可救药的，否则他会认为自己就是这样了，从而形成这样的性格。

第四，你可以鼓励他去表演，甚至可以陪他一块儿表演，让他觉得在生人面前表演并没有什么可怕的，爸爸妈妈也这样做了。

第五，每次他表演完了，都要带头热情鼓掌，让他感到他的行为被肯定和欢迎，增强了自信心，减少了胆怯和害羞，过不了多久，他就会在人前愿意表演了，他表演后，千万不能冷落他。

第六，可以让他与年龄小一些的孩子一起活动，这样他就不会感到羞怯，愿意扮演有能力、有经验的角色。他们感到自己比小孩子更优越，乐意帮助他们解决困难，显示自己平时不敢流露的才能和交往技巧。

第七，哪怕孩子只有微小的进步，也不要吝啬自己的表扬，哪怕孩子的表现还没有达到预期，也要力求表扬到位。父母的表扬，不仅是对孩子的认可和鼓励，更能促使孩子向着更好的方向发展。

此外还有一点必须强调：个性有时候是天生的。内向害羞只要不影响孩子与社会正常的交流和沟通，也无大碍。因此在引导害羞的孩子时，父母不要老想着完全改变他的个性，那是不现实的。我们带给孩子的，应该是快乐，而不是强迫。

怕生没有问题，但不要让它成为孩子的问题

01

王贝小的时候，爸爸妈妈每次带他去别人家做客，都能把主人家吓一大跳。

王贝长得虎头虎脑，看着可爱极了，就是胆子非常小，别人只要一接近他，他就哇哇大哭，连自家亲戚都不例外。

开始的时候，别人不明所以——怎么刚想抱抱孩子，手还没碰到呢，孩子就撕心裂肺地哭了？

王贝的叔叔阳光帅气，可王贝一见到他，小嘴一撇就开哭，叔叔因此被戏称为"长了一张娃都不爱看的脸"。

这种事情，一次两次还好，可是次次如此，王贝父母就相当犯愁了，一时间不知如何是好。最后他们想到了批评教育："哭什么哭，一个男孩子整天哭，真矫情！"

王贝父母觉得，孩子胆子太小了，严厉警告他，想着他知道自己不对，等长大以后就会慢慢改了。然而，王贝现在都上小学一年级了，虽然不会再见谁都哭，但他现在跟谁都不爱说话啊！

怕生，一般发生在八九个月到2周岁左右，1周岁左右会达到高峰。这是孩子安全感发展过程中出现的自然现象，是一种自我保护机制，内向型的孩子表现得尤为明显。

如果此时，父母因为怕生对孩子大加指责，或是强迫孩子接受陌生人，孩子的不安全感就会进一步加重，他们会因此感到恐惧，甚至触发自闭来"保护自己"。

其实，孩子不肯跟生人打招呼，并不是不懂礼貌，家长大可不必因此懊恼。

我们只要待人处事得体大方，给孩子做好榜样即可。孩子会把这一切看在眼里，记在心上，等他们长大一点，就能够学得有模有样。

不过，由于每个孩子所处的环境不同、父母的教育方法不同，有的孩子到了三四岁仍然非常怕生，爸爸妈妈就要格外注意了。因为，它可能已经成了一种社交障碍。

02

孩子为什么会出现社交障碍性的怕生？

可能是因为他的生活圈子过于狭小：

现代家庭多为小型化的 3 口之家，住的又是高楼独户，关上门就是一个小天地。独生子女在家中多数时间仅面对自己的父母，长年累月无外人接触，慢慢使孩子形成一种习惯，在心理上形成一种"定势"，认为只有和父母在一起最安全、最自在，而见到陌生人则感到不安全。

也可能是因为家长教育不当导致：

有的父母怕孩子单独外出会闯祸，而吓唬孩子，孩子变得胆小，怕见生人；有的父母怕孩子外出受到别人的欺侮，怕吃亏、学坏，认为还是关在家中好；有的父母怕孩子与人接触传染疾病，情愿让孩子闭门独处。

这些父母都是人为地限制了孩子的活动范围和交往机会，使孩子不能获得外界的信息，过着封闭式的生活，这极大可能会使婴儿期自然的"怕生"现象延续到幼儿期，甚至还会影响到儿童和青年时期的个性。

还可能是因为，父母总在外人面前说孩子怕生，并责备孩子：

我就曾犯过这样的错误。孩子小的时候带他出去，路遇熟人逗他说话他不理睬，我便尴尬地解释："这小子太怕生。"说完才猛然警醒，这不就是典型的给孩子贴"标签"吗？

孩子毕竟是孩子，他本身的分辨能力不强，只好通过别人的评价来看待自己。若是父母总在别人面前说自己的孩子"胆小怕生"，孩子就会认定自己就是"胆小怕生"，并很可能会把这个"标签"背一辈子。

另外还有一种可能，就是强迫孩子去社交，却不给予正确的帮助和引导：

有一次陪孩子在小区散步，碰到一群小朋友在做游戏，玩得不亦乐乎，我分明看到孩子眼里写满了渴望和羡慕，但他却不肯上前一步。

于是我鼓励他："去和小朋友们一起玩吧，没事的。"他躲躲闪闪不为所动，一遍、两遍……我口气有些急了："你到底怕什么呀？不就是玩个游戏吗？这都不敢？"然后我看到，孩子眼里的渴望和羡慕，瞬间黯淡了。

哎，我又错了。后来遇到这种情况，我这个大家伙就上前问小伙伴们："你们在做什么游戏？带上我和弟弟可以吗？"这样一来，孩子就很自然地和他们玩到一起去了。做完游戏我会告诉孩子，以后你想跟别的小朋友玩，就礼貌地问一句"带上我可以吗"，大家都会很愿意接受你的。如此引导了几次，孩子终于可以主动找小朋友们玩耍了。

其实每一个怕生的孩子，内心都有对伙伴的渴望，可他的身体却不由自主地不适和不能，孩子因此感到不安和焦虑，如果父母不能理解和接纳，孩子只会更加害怕。他们不知道自己为何会这样，不知道如何才能得到大人的喜爱和认同，他们越焦虑便越不安，从而进入了恶劣的循环。

03

过度怕生，危及一生，孩子痛苦，家长头疼，但事实上，孩子的怕生家长往往又是始作俑者。

那么，我们怎样才能改正自己的错误，带领孩子走出桎梏呢？

第一，保持淡定。 对待孩子的怕生问题，爸爸妈妈一定要持有一颗平常心，千万不要当众指责孩子的缺点。要知道，你当着别人的面说孩子怕生，孩子就会潜移默化地觉得自己就是个怕生的孩子。

第二，接受孩子的怕生情绪。 在遭遇孩子怕生哭闹的情形时，爸爸妈妈一定会觉得很没有面子，这个时候，我们就要拿出博大的胸怀来接受孩子。尽量做到不批评、不强调。这一点非常重要，各位家长一定要记住。在我们坚持一段时间以后，孩子自己就忘记他的怕生行为了，慢慢地变得大方起来。

第三，多带孩子出入公共场合。 去应酬或者出去跟朋友聚会的时候，如果条件允许的话，我们可以把孩子带在身边，让孩子认识接触更多的人。估计一开始他肯定会排斥或者惧怕，我们要温和对待，要表现得以他为骄傲，以他为自豪，让孩子觉得我们并不因为他的怕生而小看他。

第四，对新环境和家里的来客尽可能事先给孩子预告。 这样孩子就可预先知道即将发生的事情，在大脑里有了印象。可预先给孩子设计一下交流用语等，当客人来到的时候，尽可能鼓励孩子接待客人，及时表扬。对新环境的适应，可先让孩子进入一个类似的环境，先观察或参与，让孩子感觉到环境的存在，避免让孩子一下子进入一个陌生的环境，产生强烈的回避反应。爸爸妈妈尤其不要吝惜自己的称赞，应积极奖励孩子行为进步的表现。

第五，有意识地经常带孩子接触外界。 如节假日带他到亲朋好友的家走走，去公园或游乐场所与同龄的小朋友一起玩。一开始我们可陪伴在旁与孩子们一起做游戏、讲故事，鼓励孩子与小朋友交换玩具或物品，当熟悉之后可让小朋友们自己玩，使孩子在欢乐中享受到集体的快乐和交换的乐趣。

第六，帮孩子建立属于自己的安全感。 一般而言，有安全感的孩子，更有勇气去接近别人，并和他人建立亲近关系。相反，缺乏安全感的孩子，他不是不愿而是不敢与别人走得太近，尤其是陌生人。

所以想要为孩子治愈"怕生"这种心理障碍，就必须帮助孩子建立属于自己的安全感。

而孩子的安全感，主要来自父母的陪伴，孩子只要感受到父母温柔、慈爱地陪在自己身边，就会倍感安全。

孩子性情如此淡漠，究竟是谁的错

01

那天在育儿论坛上，看到一位妈妈的哭诉：

这位妈妈说，自己的老公在石油矿区工作，经常不在家，自己几乎是一个人把孩子拉扯到15岁。

那天，她犯了肠炎，一整天滴水未进，只盼孩子放学回家给她烧点热水，买点粥饭。可是孩子还没有到家，就在电话里对她大吼大叫："你病了不能做饭还让我回家干吗？我又不会做饭！我去附近餐馆吃点，到时给你打包一份就行啦。晚一点我和同学约好了要去打球，挂了吧！"

15岁的孩子，按理说应该懂事了，可是他却连一句问候的话也没有，更别说关心体贴，简直让人心寒。这位妈妈躺在床上，想想自己对孩子无微不至的照顾，但却得不到孩子相应的回报，心中难过极了。

评论区里，一石激起千层浪，家长们瞬间炸开了锅。

有人吐槽，自己辛苦奔忙一整天，回到家中孩子连招呼都不打一声，至于问候，那简直就是奢侈品，不是自己这种普通父母能够享有的。接着一声叹气："当初自己一下班就扑过来要抱抱的乖宝哪里去了？"

有人表示，自己与楼主妈妈同是天涯伤心人。前几天，自己生了一场重感冒，高烧，全身上下甭提有多难受。更难受的是，孩子看在眼里压根不放在心上，还抱怨妈妈矫情，感冒而已就不给自己做饭，害得他连吃几天外卖。

还有人抱怨，孩子都十几岁了，在家里一点忙都帮不上，还时不时地就跟小五岁的弟弟吵架打架，头老大了！

不过也有家长说，孩子大了就好了，现在只要学习好，其他的以后再说……

看着他们的疯狂吐槽，我在心里默默地表示：**这能怪谁呢？**

02

人之初，性本善，孩子之所以冷漠无情，多半与家庭教养有关。

我曾在公园看到一个八九岁的小男孩，他抓了几只蝴蝶放在瓶中，然后握住瓶子两端用力摇晃，他笑得很开心……他的父母就在身边，没有感到丝毫不妥，更没有要阻止他的意思。

我还在幼儿园看到一个小男孩，那天他妈妈来接他，当时没被接走的小朋友都在玩玩具。他走过去二话不说，直接就抢了起来，边抢还边说："这是我喜欢的玩具，你们不能玩！"

其他小朋友当然不愿意了，立刻联合起来抵抗他……而这一幕恰好被他妈妈看见了，只见那位女士径直冲过去护住孩子手里的玩具，霸气侧漏地说："给我家宝贝先玩，你们等下再玩。"男孩在一旁看在眼里，得意极了。

父母的"无心之失"，无形中就会给孩子带来极不好的影响，久而久之就成了他的一种性情。

有些时候，性情冷漠的孩子长大了，会比恶狼还狠绝。

2017年5月21日，渭南警方接到报警，报警人杨某声称自己父母因煤气中毒导致死亡。警方迅速赶赴现场，进行调查取证。

现场，煤气罐阀门打开，一对60多岁的男女倒在地上，症状像极了煤气中毒。但经验丰富的侦查员很快发现了一个细节——一个正常人，如果双亲遇难，一定会悲痛欲绝，第一反应应该是拨打急救电话，抢夺一线生机；而报案人杨某，情绪冷静，对答如流，并且第一时间拨打的是110报警电话和保险报案电话。

警方大胆推断，这极有可能是一个灭绝人性的谋杀案！

最终，在公安机关和检察院的大力配合之下，在许多关键性证据面前，杨某的罪恶大白于天下。

时年32岁的杨某是家中独子，掌上明珠，从小父母不舍得让他受半点苦；他在家中地位高人一等，从小处处受特殊照顾，他因此变得任性狭隘，自私无情。

杨某被父母省吃俭用供完大学以后，他才知道生活的艰辛与残酷，自幼被捧在手心长大的杨某无法忍受别人的冷落和白眼，他的内心越发扭曲，他无时无刻不幻想着自己成为富豪。

某天，一份意外险的推广广告闯入了他的眼帘，他顿时心生邪念，他给父母买了高额意外险，然后又网购了亚硝酸盐，因为亚硝酸盐中毒症状和煤气中毒症状相似，非常难以分辨。

5月20日，杨某破天荒地邀请父母在家中吃饭，他在父母爱吃的牛肉中拌入了亚硝酸盐，但老两口还像杨某小时候一样，把杨某宠到了心尖，没舍得吃。即便如此，杨某也没有良心发现，他又在水中掺入了亚硝酸盐。

眼睁睁看着父母喝下亚硝酸盐，又眼睁睁看着父母挣扎了半天，杨某未曾有过一丝心软，他的人性已经彻底沦陷。当父母停止挣扎以后，他又打开了煤气罐……

人心是肉长的，但父母可以让孩子的心充满热血，也可

以让它坚硬如铁。

那些把"一切给了孩子""为孩子做了一切"的父母，他们总是忘记教孩子学会爱别人。

那些冷血无情反噬父母的"魔鬼"背后，站着的往往都是父母不加限制的爱。

03

一个孩子在冷漠中成长，即便他没有人性尽丧，也会缺乏起码的担当，他的一切都会以自己的利益为上。

他们对社会冷淡，缺少对他人的关怀。他们几乎总是单独活动，主动与人交往也仅限于生活或工作中必需的接触，除亲属外无亲密朋友或知己，很难与别人建立起深切的情感联系。

所以如果你真的爱孩子，就让他学会独立，学会珍惜，学会做人，学会感恩，学会应对这个世界的残酷，同时也学会与这个世界温暖相处。

第一，让孩子学会与人分享，尝试一下"给予""付出"所带来的快乐。比如在孩子吃东西方面，要告诉孩子一定要把食物分成三份，一份给自己吃，一份留给爸爸，一份留给妈妈，不要一个人独自享用。如果家里还有爷爷奶奶和外公外婆，那么要把好吃的东西分成同等的几份，让每人都有一份。

第二，父母要适当训练孩子热爱劳动的好习惯，不要让孩子有"事事都依赖父母"的思想。要训练孩子学会关心他人，体谅父母的辛苦，帮助父母做一些力所能及的事情，例如，帮父母洗碗、扫地、擦桌椅等。

第三，教会孩子待人接物。家里有客人来了，父母更要让孩子学会用东西来招待客人。吃饭的时候，不要只顾吃自己爱吃的东西，把喜欢的东西放到自己面前，并挑来拣去。别的孩子来玩，要鼓励孩子把自己的玩具拿出来一起玩，把自己喜爱吃的东西也分一些给别的小朋友，大家一起分享。

第四，父母还可以利用"演戏"，克服孩子的自私自利。这种方法就是通过孩子与父、母亲之间的角色扮演，使孩子认识到人与人之间应如何相处。

通过这些游戏，孩子首先会正确认知自己与亲人的关系，如爸爸妈妈怎样爱护自己；然后意识到社会上的人际关系关联，如老师怎样爱护和教育小朋友、司机怎样有礼貌地对待乘客、医生怎样关心爱护病人等等。孩子通过体会他人的感受，就会从"以自己为中心"，转变到从他人的角度来考虑问题，从而学会为他人着想。

除此之外，父母还可以在生活中有意识地安排一些场景，直接教会孩子应该怎样付出爱和关心别人，那么当将来父母再出现生病等情况时，孩子就会知道应该怎样去做了。

总之，我们应该永远记得：惯子如杀子！

愿为人父母的你，在为孩子献尽心血以后，换回的是孩子的感恩与爱戴。

愿我们的孩子，这一世，与冷漠无情不沾边。

嫉妒心重的孩子，到底应该怎样引导

01

在网上看到的一个帖子，一个女人说，自己的闺蜜简直不让人活了：家庭出身好，本人颜值高，老公帅气又能干，可恨的是，这么帅气多金的男人还非常疼老婆！他们的孩子几乎继承了父母的所有优点，特别好看，聪明可爱。太气人了！她觉得心里非常不舒服。

忽然有一天，闺蜜花容失色，面容憔悴，泪流满面，原来，她老公出轨了！女人在安慰闺蜜的同时，心里油然而生一种"快慰"，她感到"平衡"了。

最后，她总结说：自己受苦受难的时候，千万不要对别人讲，有多少眼泪都要往肚子里咽，免得在寻求别人安慰的同时，安慰了别人。

很多时候，友情最大的杀手不是"你不够好"，而是"你过得比我好"。

嫉妒是一种比较复杂的情绪，它的背后隐藏的可能是失望、担心、恐惧这些不易被察觉和不愿承认的脆弱心理。

嫉妒通常来自生活中某一方面的"缺失"。嫉妒者心里泛酸、不是滋味，是因为他想拥有的东西被别人拥有了，他因此失落、眼红，甚至认为是别人抢走了原本属于自己的关注、情感、利益等等。如果不能释怀又不懂节制，这种"泛酸"情绪就会在心里不断强化。

孩子当然也会"泛酸"，你别看他小，他也有小情绪！

身边就有一位要了二胎的朋友，他告诉我说，家里两个孩子相差三岁，大女儿非常嫉妒小儿子，因为儿子小，有时难免需要多照顾一些，女儿为此羡慕嫉妒气愤，就趁大人不注意的时候欺负弟弟。他对女儿表现出来的小心眼感到既可笑又可气，又非常担心女儿小小年纪嫉妒心这么重，长大以后会做出品性败坏的事情。

我对他说，这种情况，大可不必烦心。

孩子的很多行为，其实只是一种本能的情绪反应，他们并没有足够的心机来隐藏自己的情绪，他们所表现出的嫉妒行为，往往就只是因为心里不舒服而已。

所以，我们完全没必要对孩子的嫉妒心过度反应，更不应该单纯用嫉妒心太重去评判孩子的道德品性。

其实不妨想想，善良的你难道就没有暗中嫉妒过谁吗？如果换位思考，我们就应该能够理解孩子了，如果我们还能掌握正确、智慧的引导方法，孩子的嫉妒就更不会成为顽疾。

02

孩子的嫉妒应该说与自我意识的成长和大人的评价有很大关系。

好比我家孩子，在我们大肆夸奖别人家的孩子的时候，他也会不高兴。例如有一次，表弟带小外甥来家里玩，我们大人在聊天，他和弟弟在一旁玩拼图。

表弟家孩子可能是平时玩得少，拼起来笨萌笨萌的，我让他去教弟弟，他只顾自己玩得开心，并不理睬。于是我就去帮助小外甥，速度自然是快了许多。等到一幅作品完成，我们很自然地击掌相庆，我随口夸奖外甥："图图太棒了！"未曾想到的是，我家孩子有小情绪了，很突然的那种，只见他把自己的拼图"狠狠"地往旁边一放，一副高冷莫近的模样——"酸精病"发作！

我一开始还觉得小家伙的情绪很有趣，但看着他"越来越黑"的脸，才知道他是真生气了。

怎么办？

当我们的孩子因为嫉妒而出现不良情绪时：

第一，不要取笑、否定或批评孩子

孩子的嫉妒行为可能很幼稚，但你千万不要表现出"你不应该、没必要、不至于"这样的反应，让孩子感到自己的在乎被否定，这会使他在嫉妒之外再产生一种委屈的心情，情况会更加严重。

你也不要产生补偿心理，极力去讨好孩子，对孩子说："你才是最棒的，我是因为他不行才去帮助他的！"这会导致孩子嫉妒频发，而且只有听到爸爸妈妈说"别人不如你"，才能将小情绪暂且放下。

这种"只有别人不如我，我才高兴"的情感认知，才是嫉妒最可怕的本质。

第二，别苛求孩子做圣人，他是可以有小嫉妒的

嫉妒是人的一种基本情感，正常人人人都有，没有例外，所以我们完全不必大惊小怪，这是正常的。

当孩子嫉妒时，我们要设身处地地去接纳他的情绪："你不开心了是吗？你看到我们一起庆祝，心里不舒服了吗？"说这些话时，我们最好轻轻地抚摸孩子的头。并引导他认同别人："弟弟是不是比刚来的时候玩得好了？咱们俩作为大小主人，都应该为他感到高兴。"同时也要强调孩子的优势："你的拼图早就熟能生巧了，自己就能拼得非常棒。要不然，把你的经验分享给我和弟弟怎么样？"

第三，帮助孩子导出"你好我好大家好"的认知模式

具体问题具体分析，根据孩子的嫉妒事件，在安抚好他的情绪以后，通过具体细节描述，让他看到别人因为努力变得优秀的过程："弟弟刚来的时候基本不会拼的，后来第二次就学会认真看参考图了，第三次就大体知道按图找件了，弟弟努力学习的态度值得我们表扬，对吗？"

通过这一系列操作，孩子会明白，我有我的优势，而别人的成就是他通过努力换来的，也是值得承认和肯定的。他可能以后还会嫉妒，但应该不会让嫉妒失控。

03

不过还有一种情形，就是当我们猛然惊醒，发现孩子的嫉妒已经非常严重。

严重的嫉妒能让孩子的人生失控，这不是危言耸听。

对有些孩子来说，嫉妒是一种自我折磨，会让他在痛苦中煎熬，他的身心健康因此变得非常糟糕。

许思聪人如其名，从小就很聪明，因此没少得到爸爸妈妈爷爷奶奶、亲朋好友老师同学的夸赞，是一个被"夸坏了"

的孩子。

因为被大人夸得太猛，许思聪习惯了处处受捧，他的好胜心逐渐扭曲变形，因此嫉妒心深重。

许思聪长得不错，喜欢打扮，而且喜欢和同学攀比。有一次，一位同学买了一条很漂亮的牛仔裤，别的同学都很羡慕，而许思聪则是很嫉妒，于是背后说那位同学腿太粗，穿牛仔裤像猪。考试的时候，如果有同学成绩考得非常好，他就觉得自己受不了，背后说人家只是碰运气，或是事先知道了试题。

许思聪的嫉妒心在成年以后并没有随着成熟丝毫变淡。大学期间，被他视为对手的卢芳当选为学生会主席，许思聪被妒火烧得吃不好饭、睡不好觉，在连续几天的辗转难眠以后，他终于杜撰了一篇"爆炸性"文章发到网上，标题也很刺眼——《某大学美女学霸，为当主席身体也是拼了！》

这篇文章一经发布，迅速造成广泛传播，卢芳遭受大量人身攻击，身心、名誉严重受损，被迫放弃学生会主席职位。而正当许思聪暗暗自喜的时候，警察叔叔找上了门……

正如莎翁所说："嫉妒是绿色的妖魔，谁做了它的俘虏，就要受到它的愚弄。"

有严重嫉妒心的孩子，他的人际关系基本好不了。因为他常常会对别人冷言冷语，在别人背后挑拨是非，设法让对方难堪……不可控的嫉妒不仅会破坏友谊，而且会将孩子置于被嘲笑和孤立的境地，并让孩子的道德品行一落千丈。

有严重嫉妒心的孩子，容易把怨恨指向别人，想方设法攻击对方，或千方百计把跑在前面的孩子拉下来，让他和自己一样"逊色"，或是比自己还要略逊一筹。同时，孩子的性格也会日渐古怪起来，如敏感多疑、脆弱抑郁、偏执浅薄、自暴自弃等等。

04

嫉妒是把双刃剑，如果你不懂得控制它，就会成为它的爪牙。

如果我们不想让孩子活在嫉妒的阴影之下，就要设法使嫉妒的消极作用向积极方面转化。

要做到这一点，关键是抓住两个方面：

一是要抓住他所嫉妒的人的"优秀"原因做分析，让孩子明白，别人为什么是优秀的，是怎样努力做到优秀的，让孩子去比较过程而不是结果，让他去跟别人比努力。

另一方面，是要指导孩子进行自我分析，帮孩子认清自身的缺陷和赶超对方的优势及途径，避免自暴自弃、自卑自怜、怨怒攻击等不良心理的持续侵扰。

要防止孩子嫉妒心理恶化，我们除了要指导孩子正确地认识和评价别人以外，更重要的是，要尽量避免进一步刺激孩子的嫉妒心理。比如：不要拿别人家孩子跟自己的孩子比较，不要在孩子面前强调，别人家孩子比他好，这会让他对别人家的孩子恨意顿生。

当然，当孩子说别人家孩子不好时，我们也不要去附和，帮孩子做些分析，别让孩子带着偏见。

首先，要教育孩子在竞争中学会宽容。在培养孩子竞争意识的同时，培养孩子拥有好的竞争心态，同时告诉孩子，竞争的过程中要宽容地对待他人，让他明白竞争的真正意义。

其次，要教孩子在竞争的过程中合作双赢。只有竞争没有合作，人只能变得孤立，人际关系也会变得紧张，对自己以后的成长不利。比如，你可以告诉孩子："如果你可以和卢芳合作，取长补短就好了，你们俩都一定会变得更棒！""我知道坤坤在投篮方面比你优秀，但是你在攻防方面比他强很多，如果你们两个联手打一场比赛，胜算的概率一定很大。"

需要强调的是，我们在日常生活中也应该适当对孩子表达赏识，帮助他建立稳固的自信心。因为骨子里敏感自卑的孩子，往往更容易心生嫉妒。

孩子太自恋了！这样很容易没有朋友

01

倩倩妈妈问刚上幼儿园的倩倩："谁是你们班最漂亮的女生啊？"

倩倩非常肯定地回答："是我！"

倩倩爸爸问倩倩："谁是咱们家最好的那个人？"

倩倩当仁不让："是我！"

倩倩爸爸和倩倩妈妈相视一苦笑，这丫头从小就这么自恋，长大可咋整？

——很多家长在这里有一个误区，那就是不经意间混淆了"自恋"与"自信"的概念。但事实上，幼年的孩子大多是不懂什么是自恋的。

自恋，说白了就是极其地自我陶醉，盲目地自我崇拜。

而小孩子的自恋并非如此，他们的自我表现更多是"初生牛犊不怕虎"——他们就是觉得"我很棒"，可很多家长误以为这就是自恋。

不，不是的。

如果你去幼儿园问那些小朋友："你们班最招人喜爱的小朋友是谁啊？"

他们都会觉得这个问题的答案不用怀疑，就是自己。

就像女孩都认为自己就是世界上最美的小公主，男孩都觉得自己可以成为盖世英雄一样，要知道，孩子在幼年时期几乎都"自恋"得不得了。

如果我们称其为"自恋"的话，那这种"自恋"无疑是一种积极的、健康的心理状态。

孩子们在幼年时期，所建立的"我是最棒的"心理认知，是自我意识生长的必然结果。

换而言之，这种自恋是每个小孩应该有的自信，他们应该"自以为是"，认为自己就是最好的存在，认为自己可以凭借一己之力将所有事情搞定，虽然这种自信有"盲目自大"之嫌，但孩子正是在这种不谙世事的莽撞之中，学会认清了什么是成人世界。

02

但是，自信往前一步，就是自恋。

有科学研究表明，孩子进入小学以后（8岁左右），开始出现真正意义上的自恋倾向。

也就是说，倘若在这个时期，父母忽略了引导，甚至传递了错误的思想，那么孩子的自我认知，就可能出现严重障碍。

以下场景可能大家都很熟悉：

"走开！我根本不需要你的帮助，你算个什么东西！"刘文对表示愿意帮助他讲解难题的同桌大声嚷道。

"我的古筝已经过6级了，这次晚会应该由我先上台演奏。为什么让莎莎上？她学古筝才几天呀！"高二（一）班教室里，传来了孙明明歇斯底里的喊叫。

"许老师每次上课都点我回答问题，每次都表扬我，你们都是渣渣！"展鹏回答完问题，藐视地扫视了一下教室。

"和郭天叙交朋友？不，就他那档次根本不够资格！"张翰对吴宪说。

……

注意，这就是自恋的苗头！

当然，我们不能在特定的场景中对孩子的言论断章取义，发现他说一些狂妄自大的话就断言他"太自恋了！"心理学上自有一套对自恋程度的评估，我们来对照一下：

1.当受到外界批评时，孩子的第一反应是愤怒或者感到耻辱；

2.喜欢对自己进行过度包装和夸大，希望别人特别关注自己；

3.坚定不移地认为，自己喜欢的、关注的事物，才是全世界最好的；

4.对事业、理想、爱情、权利，一直抱有严重脱离实际的幻想；

5.认为自己高人一等，理应享有比他人更好的待遇或特权；

6.同理心严重缺失，不会也不愿意体察别人的感受；

7.嫉妒心极强，或总以为别人在羡慕、嫉妒、诽谤自己；

8.喜欢展示自己，喜欢频繁照镜子，喜欢欣赏自己的身体；

9.相信自己是个天生的领导者，认为自己就应该是他人的权威；

10.喜欢对他人颐指气使，在同龄人面前总喜欢摆出一副高高在上的样子。

再次提醒大家注意，如果你的孩子具备以上5种特质，那么他非常自恋无疑。

严重自恋的孩子，他们总是自我感觉特别良好，认为自己尤其与众不同，对外界赞美渴求成瘾，他们往往缺乏自控，争强好胜，冷漠刻薄，没有爱心。

严重自恋的孩子，他们不会有开阔的心胸，他们不仅看不起别人，而且还会迷失自己。

严重自恋的孩子，通常也很难获得美好的友情和爱情，因为他们爱的人只有自己。

当然，我们的孩子仍在成长中，他们的心理和品性尚未定型，仍具备非常大的可塑性，所以只要我们这些做父母的做好教育细节工作，孩子的自恋顽疾就可以被治愈。

03

想要治愈孩子的自恋顽疾，我们先要回答这样一个问题——孩子的自恋因何而起？

心理学家研究表明，孩子的自恋倾向，大多与家庭环境等有关。

比如，孩子在幼儿时期，父母对孩子过分亲昵，孩子的心里就会出现自恋倾向；

又比如，孩子进入童年时，缺乏与外界同龄人的接触，一些父母阻止孩子去结交同龄朋友，导致孩子孤独地度过童年，这样也有可能使孩子产生自恋的倾向；

还有很重要的一点：一些父母全方位多角度无孔不入的赞美，正是孩子自恋的罪魁。

看到这点，可能有些父母又要费解了——难道赞扬孩子也有错吗？

不！我们是提倡父母多多夸奖孩子的，如果孩子能够从父母那里不断感受到温暖和力量，他们的世界将充满自信和阳光。

但是，中国有句老话讲"过犹不及"，如果我们严重违背事实真相，彻底脱离孩子实力，毫无界限、不讲分寸地去夸奖，这种夸奖就会变成肉眼可见的伤害。

倘若不管孩子做事是否到位、方法对错与否，家长全是赞语，压根不孩子去认识引导他的错误和不足，那么孩子就会觉得，"我就是无所不能"，因为爸爸妈妈就是这样说的。

孩子因而觉得自己做什么都是正确的，所以当他听到批评或者不同意见时，常常会反应异常激烈。

他们因为不能听取别人的意见，人际关系往往非常糟糕。

成年以后进入职场，他们因为无法接受领导和同事的批评或不同意见，不仅心理重创，而且举步维艰。

我们必须认清一点：孩子幼年时的自我陶醉是正常的、被允许的、有正向作用的，但父母从头至尾十几年如一日的过度赞美，则会让孩子在自我欣赏中过分沉醉。

那么，家长应该怎样做，才能不给孩子严重自恋的机会？

第一，给孩子一个健康的成长环境

父母应该多关爱孩子，不要让孩子有孤独感、失望感，否则会使孩子变得冷漠，从而不愿接近别人、相信别人，因此产生自闭或自恋心理。当然，也不要溺爱孩子。

第二，要讲究正确的教育方式

发现孩子有自恋倾向后，父母要先反省一下自己的教育方式，并改进自己的教育方式，鼓励孩子多结交有益的朋友，从一点一滴的小事中去发现别人身上的美与善良，发现别人的优点与特长。这样，孩子在开阔了眼界的同时，也开阔了心胸。当孩子敞开心怀去接纳别人时，就不会再自恋，不会再对别人产生厌恶感了。

第三，表扬要有根据，有尺度

孩子需要表扬，但是表扬要适度，要有节制。如果父母经常有意识或无意识地当着孩子或他人的面称赞、宠爱自己的孩子，就有可能使孩子从小就自视甚高，这常成为孩子自恋产生的基础。所以，父母在表扬孩子时要有分寸，不能够夸大，更不能因为孩子有一次不错的表现，就每天都表扬。

第四，鼓励孩子多结交同龄的朋友

现在的孩子多是独生子女，如果家长不但不为孩子结交朋友提供条件，甚至还加以阻碍，就会促使孩子自恋心理的产生。相反，让孩子多结交朋友，让孩子看到每个人都有自己的优点，都有超过自己的地方，这样孩子的自恋心理就会减弱。

第五，不要在言语中把孩子放置在别人之上

对绝大多数父母而言，自己的孩子肯定是最特别的，但给家长们提个醒，这一点应该只对你自己有效。孩子在某一方面突出，或者取得了很好的成绩，多多肯定他、表扬他的具体表现都是必要的，但不要强调他比别的孩子更优秀，类似"你们班上就你最有艺术天赋"这类的话最好少说，否则孩子就会认为"我就是最好的"。

客观地说，自恋并不算是严重意义上的人格缺陷，我们每个人或多或少都会有些自恋，但过度自恋一定会给孩子的人生造成非常大的困扰，所以我觉得大家还是有必要提起十分警觉，别给孩子埋下那颗傲慢自大的种子。

当我们的孩子在你的引导之下，逐渐学会了客观认知自己、正确评价自己，他也就慢慢成熟了，这个过程很微妙，也很真实。

要怎么才能抑制住，孩子疑心生暗鬼

01

最近，有位同学跟我交流时提到，她家女儿看到小区其他孩子在一起说说笑笑，或者看到大人看着她笑，就觉得别人是在背后说她闲话、嘲笑她；有时候大人一起聊天，说到谁家孩子小时候的糗事，她也认为是在含沙射影调侃她。孩子整天疑神疑鬼，大人也跟着情绪崩溃。

我亲戚家有个孩子也是这样，那孩子今年上初一，对什么事都疑心很重，如果某两天老师叫他回答问题的次数少了，他就跟那琢磨是不是自己做错了什么，导致老师不再喜欢自己；某天在街上看到同学，同学可能心情不好或者有什么急事，跟他说话敷衍，他就猜想同学是不是对自己有意见……这种毫无根据的揣测一直困扰着孩子，使他经常处于精神紧张、情绪低落的状态之中。

作为亲戚，这孩子家里的情况我是知道的，他妈妈疑心就很重，非常具有质疑精神：

丈夫每月按时上交工资，她总觉得丈夫还背着她攒了小金库，于是什么风流韵事的猜想都来了，夫妻二人经常为此吵架。

孩子说要做什么事，她总是持有怀疑态度，不相信孩子的能力；孩子有时去同学家里写作业，她就觉得孩子可能是偷偷在外面玩，每次一定打电话到同学家里核实一番。

她还经常会食言，有时承诺孩子做到什么样，就有什么奖励，但基本不兑现……

孩子在妈妈多疑的影响之下，在多次被骗之后，也成了一个疑心重重的小孩……

孩子猜疑成性，很多时候，都是因为创伤体验过深。比如说得不到父母的信任，又比如说，经常遭到父母的欺骗……

家长的一言一行，对孩子来说都是言传身教，你不经意间种下的一个因，就可能在孩子身上结出苦涩的果。

02

猜疑心过重的孩子，长大以后活得更累。

不久前，怡心被调到集团下属外地企业去做业务经理，她认为这是明升暗降。"为什么要调离我？"她认为肯定有人从中搞鬼，"是上司嫉妒我的才干，怕我有一天抢了她的位置。"怡心为此愤愤不平，她觉得自己受到了排挤。上司总说她搞不好同事关系，给她安排工作时异议又很多。"我为什么要理那些人呢？"怡心觉得自己从来就没有做错过。

"这口气怎么咽得下去！"怡心向老板投诉，表达自己的不满，诉说自己的委屈，"我要让她吃不了兜着走！"怡心恨恨地想。男朋友劝她不要这样做，她不听，他说她心理不正常，怡心一下子火了："我有什么问题，我看是你变心了！"这时她恍然想起，每次男朋友去单位，与那位上司之间好像都在眉来眼去。"对，他一定是和那个老女人商量好的，将我调走，这样他们就有更多的时间勾连在一起了！我和他们没完！"

事实上，每位与怡心交往的男孩子都曾被她怀疑过，不是怀疑人家不忠，就是怀疑人家另有目的，所以即便怡心长相不错，工作也不错，但直到30多岁的年龄，还没有一个男士能够与之达到谈婚论嫁的程度。

怡心这种状态已经持续很久了，那还是她上高中的时候，虽然成绩很好，但人缘却非常糟糕。为什么呢？因为怡心总是觉得自己胜人一筹，又觉得别人都在嫉妒自己的才能。她觉得别人看自己的眼光都是异样的。同学们受不了她，疏远她，她更认定自己的猜想是正确的。她还爱顶撞老师，因为觉得老师有很多观点都是错误的，反而却来批评自己，她甚至认为老师都在嫉妒自己。

这么多年，怡心也没有一个真正长久的朋友，别人在与其短暂接触以后，都避之唯恐不及，怡心也从不主动去与别人交往，她更乐于独处，那样似乎更安全。她怀疑一切，认为一切都隐藏着阴谋或者灰色地带。现在，她更是认为自己被人玩弄了，她恨这一切，同时她又认为：这是天妒红颜！

其实，猜疑也是人的一种本能。人类为了生存要抵御来自各方面的威胁，猜疑是人类为保护自己而做出的本能防御，从这个层面上讲，每个人都有可能在某些时候产生猜疑心理，如果程度较轻，现实感和自我功能都很好，就不会对生活造成很大的影响。

然而，猜疑太重，对什么人都不信任，对任何事情都疑心，就是防御心理过度了。这会影响孩子的学习，干扰他的人际交往，打乱他的正常生活，妨碍他的身心健康和快乐成长。

03

那么，如果孩子已经被猜疑心掌控，我们又该如何帮助他们脱出牢笼？

第一，不要总是怀疑孩子。如果你以前对孩子缺乏信心，孩子做什么你都充满疑虑，忧心忡忡，那么请马上改变自己。即使孩子要做的事情看起来他不可能完成，也要多多鼓励，不要把打击孩子当乐趣。

孩子只有拥有足够的自信心、拥有积极、乐观、进取的生活态度、拥有独立、主见的精神、他才不会过于在乎别人的评价。孩子只有内心足够强大，才不会活在外界影响的阴影之下。

第二，不要总是欺骗孩子。 孩子只是年纪小，但并不代表他们没有分辨能力，当大人的承诺一次次成了欺骗，孩子的伤心和失望也就逐渐形成了成见。从前建立起来的依赖和信任，一步步消失不见，自己信赖的人变得不再值得信赖，自己敬爱的人变得不再那么可爱，这种心理创伤，要比没有得到承诺的东西，大得很多。

与孩子建立起相互尊重与信任的关系，非常重要。虽说每个人长大以后，都要经历不同程度的欺骗，也会在一定程度上开始欺骗他人，但是，如果在最天真纯善的年龄，在最亲近的人身上，过早地得到这种体验，以后就很难抹去了。对孩子来说，连最亲近的人都不值得信任，还有谁是值得信任的呢?

第三，让孩子学会开诚布公地交流，倾诉心中的疑惑。 孩子有了猜疑之后，冷静地思考很重要，但冷静思考后，如果疑惑依然存在，那就应该通过适当方式，同被怀疑者进行推心置腹的交心。若是误会，可以及时消除；若是看法不同，可以通过谈心，让各自的想法为对方所了解，相互沟通；若真证实了猜疑并非无端，那么，心平气和地讨论，也有可能使事情解决在冲突之前。孩子在消除心理猜疑的同时，友谊的小桥也会重新建立起来。

第四，父母要让孩子看到自己的长处，培养起自信心。 要相信自己会与周围人处理好人际关系，会给别人留下良好印象。这样，当孩子充满信心地进行生活和学习时，就不用担心自己的行为，是否会引起别人的挑剔和讽刺了。

　　第五，父母应该放开"圈养"孩子的圈子。鼓励孩子走出自己的圈子，引导孩子去学会与人交往。在交往中，引导孩子学会换位思考，全面客观地看待交往对象，不要先入为主地去评价一个人。同时教会孩子在与人交往中管理好情绪，心中有疑问，不要胡猜乱想，要学会与人坦诚交流，把自己心中的疑问说出来，消除不必要的误会。

第 4 章
我们的孩子之所以被边缘化，是你没有感化他

有己无人的孩子，往往会活成一座孤岛

01

刘嫣，一个聪明漂亮的小女孩，可是却"小气"得令同学发指，她从不肯与任何人分享自己的东西。有一次，同桌在课间休息时拿她的 MP3 听了一会儿，她竟然怒不可遏地将同桌的课本扔了一地。

这个孩子是怎么回事？她到底为什么会这样？

其实，刘嫣的性格完全可以从她妈妈身上找到根源。

刘嫣妈妈来自上海一个知识分子家庭，父母因为工作繁忙，很少去照顾她，尤其是刘嫣姥姥，为了自己的发展，几乎月月都要出差，刘嫣妈妈一年也见不到自己的母亲几次。这一家人，可以说都是在各人顾各人。

因为从小就养成了只顾自己的行为习惯，刘嫣妈妈结婚以后也没能改变。她和丈夫有着界限分明的空间，她的书房别人不可以随便进，她的东西别人不可以随便碰，因为那些都是她的，只属于她的；她经常在钱上跟丈夫斤斤计较，尽管他们的收入挺高，但刘嫣妈妈经常因为丈夫给婆婆一点儿生活费而发脾气，事实上，即便是跟自己的亲生父母，刘嫣妈妈也是如此计较。但是，刘嫣妈妈在给自己买东西时却毫不吝啬，昂贵的化妆品、名牌时装说买就买。刘嫣爸爸开始很不习惯妻子的做法，两人为此吵过很多次，最后，刘嫣爸爸发现妻子的性格早已根深蒂固，也只好对她做出了妥协。

刘嫣妈妈还把这种思想传递给了女儿。有几次，刘嫣把自己的课外读物借给了小伙伴们，结果刘嫣妈妈每每知道以后都要训斥一番。刘嫣妈妈认为，刘嫣的同学都有爸爸妈妈，他们想看课外读物，应该让自己的父母买，而不应该借刘嫣的，这是在占刘嫣的便宜。在被妈妈骂了几次以后，刘嫣也变得特别小气，她的东西谁也不借。

后来，刘嫣越来越像妈妈了，她的房间别人不能轻易进，就算爸爸妈妈也要得到她的允许，而且她的东西一律不许别人碰，谁动了她就跟谁急，包括父母。

在学校，刘嫣遭到了同学们的一致排斥，同学们都认为她既自私又小气，不愿和任何人分享。对于这种评价刘嫣既伤心又困惑：伤心的是，她得不到别人轻易就能得到的友谊；困惑的是，妈妈就是这样做的，她不知道这样做错在了哪。

一个心中无爱的孩子，就像无法自由呼吸的鱼，脱离家庭的水箱，在无人给氧的社会上，他不懂得爱人，也必不招人爱，结果只会焦渴而死。

其实，没有哪一个孩子的天性是不好的。正如著名教育专家王东华先生所说："没有教不好的孩子，只有不会教的家长。"每一个孩子的身上，都有父母打下的烙印。

很多时候，我们与其说是在教育孩子，不如说是在污染孩子纯真的心灵。当这种污染达到一定程度时，我们又反过来说孩子自私，说他们以自我为中心。面对不断成长的孩子，我们有必要扪心自问，孩子的自私有多少是我们亲自灌输给他的？其实教子做人，首先是要赋予他一颗仁爱之心。

02

科林·卢瑟·鲍威尔生于纽约，父母是牙买加移民。鲍威尔从小聪明好学，意志坚强，并且乐于帮助别人。他当过里根总统的国家安全顾问，曾经被布什总统任命为参谋长联席会议主席，成为美国历史上第一位担任该职的黑人，也是最年轻的参谋长联席会议主席。

鲍威尔上初中的时候，就开始关注研究街头流浪者无家可归的问题。

有一次，在从学校回家的路上，他遇到一个流浪汉。鲍威尔就停下来问那个流浪汉需要什么东西。

"我需要一个家、一份工作。"流浪汉感叹道。小鲍威尔为难了：自己还是个小孩子，怎么才能帮他呢？家和工作自己都不能给他呀。于是，小鲍威尔接着问："你还要什么其他的东西吗？"

流浪汉很无奈地笑了一下，带着满脸的憧憬说："我真想能够吃一顿饱饭呀。"

小鲍威尔很想立刻答应他，可是心里面还是有点担心，父母是否会同意自己的做法。鲍威尔对流浪汉说："你可以等我一下吗？我回去征求一下家人的意见，你一定要等着我！"男孩飞跑回家了。

小鲍威尔回到家，把事情告诉了爸爸，希望得到他的支持，父亲听完孩子的述说，欣慰地笑了："好孩子，这是一件非常好的事情，爸爸绝对支持你。孩子，你要记住，我们每一个人都应该关心他人。仁爱是人类最光辉灿烂的品格。"

小鲍威尔高兴地点点头，并把父亲的这句话深深地印在了脑海中。

接下来的三天里，小鲍威尔在爸爸妈妈和两个姐姐的帮助下，作计划，采购，做了一百多份的饭，送到他们家附近的一个流浪者的收容所。

在以后的一年时间里，几乎每个周五的晚上，鲍威尔全家都要给收容所送饭。后来，鲍威尔的活动得到了全班同学还有他们所在社区的理解和支持，活动不断地扩大了。

鲍威尔在一篇文章中这样写道："我们每个人都应该关心他人，仁爱是人类最光辉灿烂的品格……这是父亲对我说的话语，它影响了我的一生！"

著名教育家苏霍姆林斯基说过："爱的教育应是整个教育的主旋律。"其实，爱在于点点滴滴，爱在日常生活当中，爱就在我们的周围，关键看我们能不能发现。父母要培养孩子一双能够发现爱的眼睛，有一颗灵敏的心来感受生活。这就需要父母的点拨，让孩子想到在这些行为的背后，有一颗颗关爱的心，让他去体悟大人为什么这样做，让他懂得爱、珍惜爱、学会爱。一个有爱心的孩子，就是一个真正的人。

03

曾看过一篇文章：

一位老师在上课时，突然下起了雨。不一会儿，老师发现有一位老奶奶拿着雨伞站在教室门口，很明显，她是来给自己的孙儿送伞的。老师瞬间感动。

于是，老师布置了一篇作文，题目叫《雨天的收获》。起初，孩子们感觉很奇怪，不知道该如何下笔。老师就引导他们说："下雨会给人们增添许多麻烦，增添很多担心，但是下雨会让人的亲情洋溢，互相关心。"同学们在老师的引导下，突然感觉生活原来如此美好，原来有这么多的爱就在身边。

这天放学，同学们都有了自己的伞，有一个小女孩拿着伞坐在那里没有回家，老师关心地问她："你为什么不走啊？"小女孩说："老师你没有伞，我和你打一把伞走。"老师更感动了。

其实，这样的小事可能在生活中每天都会发生，但它证实了一个道理——孩子是在爱中成长，在爱中学会爱的。

孩子的心灵是最纯净的，他们能从点点滴滴的生活小事中感受到父母的爱心，从而渐渐唤醒内心关爱父母的意识。所以培养孩子的爱心，最需要的是情感的熏陶和榜样的示范。

第一，不要"有求必应"，更不要"无求先应"。对孩子提出的需求，父母应先思考一下是否合理，假如不合理，则坚决否定，并且要告诉孩子为什么不合理。父母不要预先为孩子承诺得太多，一手包办孩子的成长，面面俱到，不要总想着孩子没有这个、没有那个。假如父母总是包办代替，时间长了，孩子会觉得一切东西都来得太容易了，也不懂得珍惜。

第二，父母要为孩子做出榜样。假如家中有老人，有好吃的先给老人吃，逢年过节给老人送礼物；假如老人离得较远，经常给老人打个电话。要让孩子看到父母不仅对自己有爱，对长辈也有爱。

第三，让孩子学会关爱父母。中外许多家庭教育专家都认为，从小要培养孩子关爱父母的品质，将会对孩子一生的幸福产生十分有益的影响。对孩子实施关爱父母的教育，有助于促进孩子良好社会品质的发展。我们可以根据孩子的年龄，循序渐进地培养孩子关爱父母的品质。

3～4岁

知道爸爸妈妈的名字、属相、年龄。

知道爸爸妈妈很爱自己。

知道爸爸妈妈是做什么工作的，意识到爸爸妈妈工作很辛苦。

对爸爸妈妈有礼貌，听爸爸妈妈的话，不对爸爸妈妈发脾气。

能向爸爸妈妈表示问候、感谢。

自己的事情能自己做。

4～5岁

知道爸爸妈妈家务劳动的情况及对家庭的贡献。

在爸爸妈妈工作、学习、休息时，能不去打扰他们。

能辨识、理解爸爸妈妈的一些情绪表现。

能说一些使爸爸妈妈高兴的话。

能把好吃的东西先让给爸爸妈妈品尝。

能帮助爸爸妈妈做一点小事。

对客人有礼貌。

5 ~ 6 岁

知道爸爸妈妈的职业和对社会的贡献。

在爸爸妈妈生病时，能给予简单的照顾。

能预知爸爸妈妈的一些情绪反应。

能做一些使爸爸妈妈感到高兴的事情。

乐于承担力所能及的家务劳动。

能帮助爸爸妈妈招待客人。

能制作节日小礼物送给爸爸妈妈。

对爸爸妈妈有信任感和自豪感。

第四，随着孩子的长大，还要逐步扩大教育内容，教育孩子热爱故乡、热爱祖国、热爱科学、热爱劳动、热爱事业、热爱人生……

一点一滴的培养，一言一行的引导，仁慈博大的爱心、人道主义的道德，就会在孩子心头扎下根，就会随着孩子的成长而不断扩展和升腾。

希望父母从自己做起，从小事做起，培养孩子的爱心，让爱在孩子的心灵生根发芽，让爱充满这个美丽的世界。

你是不是欠孩子一份礼物，叫同理心

01

不知怎么，卢伟越来越以自我为中心了。在学校里和同学一起打篮球的时候，卢伟从来都是自己一个人带球，然后自己一个人上篮，不会想着和队友配合。如果别人偶尔有一两个球忘记传给他的话，他就会发牢骚："怎么不把球给我？你们怎么能这样？"同学们都觉得卢伟太自以为是了，渐渐疏远了他。

在家里，每每一家人看电视，卢伟绝对会把遥控器紧紧攥在自己的手里，而且找的节目都是自己喜欢的，从来不考虑爸爸妈妈是否也愿意看。卢伟觉得：是我在看电视啊，我为什么要管别人喜欢不喜欢？

这天，妈妈和卢伟商量："隔壁颖儿妹妹过几天要参加英语口语比赛，你可以把你的 ipad 借她用几天吗？"

卢伟大声拒绝："不借！凭什么把我的东西借给别人，那是我的。她参加比赛与我有什么关系？"

很明显，这个孩子严重缺乏同理心！

什么是同理心？就是不用别人强调，自动自觉、设身处地地去考虑对方的想法和感受。

同理心有多重要？缺乏同理心，孩子不会有健全的情感，他们对伤害别人毫无歉意和愧疚；而更为重要的是，他们会因为无法体察别人的心理感受而遭遇社交障碍，也容易与别人闹矛盾、起冲突。

一个缺乏同理心的孩子，他没有关心别人的意识，即便看到别人深陷困境也毫不同情无动于衷，甚至还会幸灾乐祸加以嘲讽。

这样的孩子，不是没朋友，就是朋友最后都不愿再和他做朋友。

02

很多家长也在困惑——孩子从什么时候开始变得这么"没人性"？

孩子的冷漠不是天生的，也不是现在造成的，而是在他完全不懂事的时候，父母太多的溺爱，迷失了他的本性，使他没有意识到，自己应该拥有付出爱的义务和权利。

生物学上有一条规律：当某种物质过于浓烈时，感觉就会迅速迟钝、麻痹。

我有一个朋友，因为工作原因，孩子很小就被送到爷爷奶奶身边寄养，直到上学才接回来。

孩子与父母缺乏起码的亲子联接，他幼年时的各种情绪也没有得到合理的安抚和释放，所以性格有些任性和暴躁。

出于愧疚心理，朋友夫妻自从把孩子接回来以后，一直以补偿心态宠溺孩子。孩子的大事小情能代劳则代劳，孩子的要求一时无法满足也要创造条件去满足。

结果有一天，孩子放学回来情绪非常不好，乱发脾气。我那位朋友忙问缘由，孩子一开始还咬着牙什么都不肯说，后来劝了半天才恨恨地说，自己被同学们排挤了。

这孩子才上小学二年级，就遭到了同学们的集体排挤，也算得上轻微的校园欺凌了。朋友很焦虑，连忙打电话给班主任老师询问情况，班主任也是一头雾水——没看到班里有霸凌现象啊！但还是赶紧安抚家长，并请家长第二天来学校说明情况和解决问题。

然而万万没想到啊，我朋友本来是带孩子要"讨个说法"的，结果却遭到了小朋友的一致声讨：

"他笑话我长得黑，说我看着就不干净了！"

"他嘲笑我读课文的声音难听，说我像鸭子叫！"

"嘤嘤嘤……他说我长得丑，说我不应该叫王靓颖，应该叫王丑橘……嘤嘤嘤……"

那些"欺负人"的孩子集体怒气冲冲地向老师控诉了"受欺负者"的罪行，我朋友说，那场面相当震撼和尴尬……

尴尬之余，我朋友不禁越发心痛和无奈起来，他觉得自己已经为孩子做得够多了，孩子怎么还会变成这样？

其实，很多时候，孩子丢失了同理心，并不是因为父母做得太少，而恰恰是因为他们做得太多了，把原本该由孩子承担的责任，也一并替他承担了。

父母无孔不入的照顾，面面俱到的满足，只会助长孩子无止境索取的气焰和理所当然不知感恩的无愧感。

然后，一并剥夺了他成长、成熟的机会。

03

在国家开放二胎政策之前，中国家庭还是独生子女居多，父母的关爱之心大概达到了中国有史以来的巅峰。孩子从一出生，他就感受到了来自爸爸妈妈爷爷奶奶外公外婆……诸多大人小心翼翼的爱。

孩子从小被浸泡在蜜罐里，却没有人教会他换位思考，关心和体谅别人，这样环境下长大的孩子，早已对关照体贴熟视无睹。就算手里攒着满满的爱，却不懂得甚至不舍得分享出去。

这种同理心被掠夺的孩子，其实是被家长贴上了"讨人厌符"，他们不仅得不到小伙伴们的喜爱，将来也会阻碍他们的人际交往。

当然，这个毛病并非一朝一夕就能改掉的。

所以，父母平时就要做到不娇惯、不溺爱孩子。在为孩子提供必要物质条件的同时，还要培养他们艰苦朴素的生活作风，增强劳动观念，克服懒惰、依赖情绪。因为，优越的物质生活不仅会使人消极、颓废、不思进取，而且容易使人变得贪婪、无休止地追求个人利益，所以培养勤劳朴实的性格是克服自我中心的关键所在。

再者，父母应该直接指出孩子的错处，反问他：

"那么，我以后也像你对别人一样对你，你会怎样？"

"你抢小朋友玩具的时候，有没有想过，如果别人抢走你的玩具，你心里有多难过？”

父母通过这样的方式引导孩子换位思考，让孩子自己思考问题所在。慢慢地，在言传身教之下，他就会逐渐学会站在别人的立场上思考问题。

要想培养孩子的同理心，让孩子明白“己所不欲，勿施于人”的道理，非常重要。

另外，父母要鼓励孩子多与外界交往，让孩子在交往中学会宽容和忍让，让孩子有机会与他人分享，有机会培养团结互助的习惯，有机会弄懂互惠互利的道理。

多为孩子提供结交朋友和接触社会的机会，提高孩子与外界的交往能力，这是避免和改变孩子过度自我的最好方法。

还有很重要的一点，作为父母，我们千万别让自己成为没有同理心的家长，更不要觉得“同理心”是傻瓜、圣母行为。要知道，孩子正看着你呢。

是时候送给孩子一副热心肠了

01

赵俊和爸爸妈妈一起生活在市里，他的爷爷奶奶则一直在乡下生活。赵俊记得，爷爷奶奶一直对他非常好，每次来看他，都会带很多很多好吃的，赵俊特别喜欢爷爷奶奶，他希望爷爷奶奶能够经常和自己在一起。但是，他已经有好几个月没有见过爷爷奶奶了。

这一天，思念爷爷奶奶的赵俊忍不住问妈妈："妈妈，为什么爷爷奶奶好久不到咱家来了？"

妈妈说："是我让他们少来一些的。你爷爷奶奶一辈子生活在乡下，养成了很多不好的生活习惯！我怕他们影响你啊。不过妈妈每个月都会给他们一些钱的，他们的生活不会有问题。"

赵俊沉默了，他不知道说什么好，他不知道妈妈说得对不对，只好一个人默默走开了。

某天，妈妈和赵俊聊天时，心血来潮地说道："俊俊，等你长大后，如果爸爸妈妈老了，生病了，你怎么办？"

赵俊想也没想回答道："我会给你们钱啊，你们自己去看医生，将来我会考上好大学，去大城市，我可不想让你们的小城市习惯影响我。"

听赵俊这样说，妈妈无比失落，她心痛地问道："爸爸妈妈对你这么好，辛辛苦苦养你长大，你怎么能这样对待我们？"

赵俊毫不犹豫地反问道："你不是也这样对待爷爷和奶奶的吗？"

倘若大人内心缺少阳光，孩子也很难逃离阴暗，这样的孩子缺少有温度的情感，铁石心肠将成为他人际交往的最大障碍。

02

善良和热心作为社会美德，对一个人的成长发展具有不可忽视的积极影响，一个没有温度的人，其实是在情感和道德上有缺陷的人，这样的人即使再有才华、再有能力，最终也很难有所作为。因为，没有人愿意与他接近，更没有人愿意与他合作。

诚如古人所说，"人之初，性本善"。但是，在岁月尘埃的不断研磨之下，如果不用心培养孩子的爱心，那么再有爱心的孩子也会与时间一起变得面目全非。

培养孩子爱心的最佳时期，就是在童年。童年，是孩子人格塑造的重要时期，而父母应该如何抓住这个关键期，最大程度上为孩子今后的人生之路做好铺垫呢？

网友北雁云依分享了自己的成功经验：

我儿子叫王博，今年12岁，是家里的独苗、心肝宝贝，今年还被评选为三好学生、十佳少先队员，我们做父母的心里很高兴。家长会上，老师表扬王博说："王博学习成绩优异，开朗又活泼，不怕吃苦，更难得的是热心助人，总是主动帮助同学，从不藏私，在班里十分有号召力。"

当时，好多父母都问我，怎么把孩子教育得这么出色懂事？还有一位父亲跟我诉苦，说他的儿子虽然学习成绩很好，但却待人冷漠，不善于合作，这将来到社会上怎么吃得开呀！

其实，他们不知道，我们王博以前也是这个样子，但是从他 9 岁起，我和他爸爸就决心帮他改变这种冷漠心态，怎么做呢？我们试了很多方法，带他去希望工程捐款，给他讲乐于助人的道理、故事……后来，我偶然听了一个教育讲座，学会了一招"赏善计"。

小孩子嘛！总是喜欢被奖赏的，我们就按照专家说的，每当他做了一点好事，哪怕是对周围的人有一点热心的表示，我们就立刻抓住机会表扬他、奖励他。我们看得出他表面上虽然有点尴尬，但内心却很得意，渐渐地，他做的好事越来越多了：他扶奶奶去医院，给我送伞，帮助同学学习……要不人家说没有教不好的孩子呢！只要父母用对了方法，再糟糕的孩子也会变成好孩子！

孩子往往缺少判断是非的能力，而父母的反应就成了孩子判断对错的标准，因此"赏善计"就成了教育孩子最简单有效的方法。奖赏孩子热心的行为，孩子做的事得到了肯定和表扬，那么他还会继续这么做。因此，就算你的孩子只是帮了别人一点小忙，或者替别人着想时，你也要告诉他你赞赏他的这一举动，希望他这样做，并鼓励他多为别人做善事。让他知道你希望从他的举动中看到善意。

03

当然，孩子的善良与热心，不能光靠奖赏维持，一味的、过度的奖赏，很容易使教育变质，为了得到父母赏识故意表现出来的善良，也不是真善良。

孩子的爱心其实是很稚嫩的，你经常浇灌它，它就会茁壮长大；你经常忽视它，它就会慢慢挥发；你以负能量摧残它，它就会变成一地残渣。所以，我们平时就要注意对孩子的爱心一点一滴的培养，将孩子的心一直引向善良的方向。

第一，教孩子学会设身处地为别人着想

孩子情感冷漠，往往是因为对别人的立场缺少了解，因此，我们可以利用同理心，让孩子设身处地地想他人之所想，急他人之所急，乐他人之所乐。例如，可以开展"假如我是……"的角色换位活动，使孩子理解、体验假想角色的内心感受，改变原来的冷漠态度。

第二，带领孩子多参加一些慈善活动

书画家为拯救灾民的义卖书画活动；社会各界为"希望工程"的捐助活动；为美化校园，每人献上一盆花的活动等。这些可以激发孩子内心善良的活动，父母应该创造条件、提供机会，让孩子多多去感受。

第三，让孩子在友爱的环境中成长

父母应以友好和爱的方式来教育、帮助孩子，努力使热心、友好的气氛充满整个家庭。另外，友好相待所有认识的人：亲戚、朋友、同事、邻居，以及一切可给予帮助的陌生人。孩子们在这种环境熏陶下，善良、友好对他来说就显得非常熟悉、自然。

第四，让孩子感受热心带来的快乐

孩子学会友爱待人，他们同样也会受到别人的友善相待，这会清楚地告诉孩子，热心是一件多么令人愉快的事情。因

此，不妨给孩子创造一些表达热心的机会，他能从中感受到
别人反馈来的美好情感，他会更愿意做这样的事情。

懂得感恩的孩子，才会有人相助

01

周一坐公交去公司上班，一如既往地拥挤。

有位抱小孩的女士在中途上车，可能是因为太挤，一开
始没有人给她让座。这时，好心的售票员说："小朋友，请
到这边来，这边的叔叔想给你让座。"

坐在售票员附近的男青年听到以后，马上起身将座位让
了出去。没想到，抱小孩的女士径直走过去坐了下来，对男
青年看都没看一眼。我看到周围有好多人都皱了一下眉。

男青年脸上有些挂不住了，肉眼可见的不高兴。人情通
达的售票员又逗小孩说："小朋友，刚才叔叔给你让座，快
谢谢叔叔。"小孩马上说："谢谢叔叔。"

那位女士这时才明白过来，忙不迭地说"谢谢"。青年人
听到"谢谢"二字，之前的不快一扫而空，还不时地逗小孩
开心。

这对我们来说可能只是一件小事，但对孩子而言并非
如此。

事实上，你想让孩子变成什么样的人，最简单的方法就是做给他看。

你的一举一动，孩子都看在眼里，记在心里，并且反映到他今后的人生里。

如果你连句"谢谢"都不会说，那么就别指望孩子懂得感恩了，他理所当然地觉得，别人为他做的一切都是理所应当的。

02

孩子不懂感恩，他很难得到幸福！

曾听说过这样一件事，家乡有一位归国的老华侨，为了回馈祖国，想资助一些贫困学生。他在有关部门的帮助下，获得了一些有受捐需求的孩子的联系方式。

接下来，他做出了一个让人大跌眼镜的举动——他给每个孩子寄去一些学习用品，并留下了自己的详细联系方式。

大家对老华侨的做法十分不屑——果然有钱人的世界我们不懂，就捐点文具，还要留下联系方式，沽名钓誉不要这么明显好不好！

面对众人的不解和质疑，老人也不做解释，他每天都会翻看几次手机，或是浏览自己的电子邮箱，他似乎是在焦急地等待什么……

直到这年的中秋节，老人收到了快递来的一张节日贺卡，这是唯一与老人联系的孩子。老人看着贺卡，开心极了，当天就为这个孩子提供了第一笔可观的助学金，同时，毫不犹豫地放弃了那些沉默无声的孩子。

直到这时大家才明白，老人是在用自己特有的方式告诉那些孩子——"不懂得感恩的人，不值得帮助"。

不懂感恩，是人性中最大的恶，在这个世界上，从来没有理所应当的给予，反而随处可见理所当然的索取。生而为人，我们为什么要肆意消耗别人的善意呢？

03

不懂感恩的孩子，只知索取，不知回报，他们心中的善良会被逐渐磨掉，他们发起狠来，可以罪恶滔滔。

君不见，机场弑母汪九刀！

而懂得感恩的孩子，他们知道感谢别人为自己所做的一切，哪怕是很小的事情，孩子也能从中体味到人与人之间相互关怀所带来的温暖和快乐。

有个9岁的盲童。那一天，是妈妈的生日，她送给了妈妈一份礼物——一张一点一点地扎上盲文的生日贺卡。她的妈妈看不懂，就请人翻译。贺卡上是这样写的："亲爱的妈妈，谢谢您把我养大！虽然我看不见您，但我永远爱您，感谢您——妈妈！"妈妈捧着贺卡哭了。她觉得自己为她所付出的一切都是非常值得的。

有个七八岁的聋哑女孩。有一天，她自己背着书包去上学。公共汽车上人比较多，她差点摔倒。这一幕被一位男士看到了，他急忙上前扶了她一把。女孩上了车，刚站稳就向这位男士打起了手势，帮助她的男士并不明白是什么意思。

过一会儿，男士要下车了，女孩连忙跑了过去，塞给他一张小纸条。男士打开一看，只见上面歪歪扭扭地写着一行字："谢谢，谢谢叔叔！"

感恩之心，是心灵成长不可或缺的营养。

教会孩子懂得感恩，是父母不可推卸的责任！

04

孩子的成长之路，需要与感恩和尊重同生；

而父母的责任，就是让感恩在孩子的生命中，形成一个重要仪式。

第一，让孩子感知爱。如果父母只知道奉献，只知道安排孩子的衣食住行，而不知道把自己的爱与希望呈现给孩子，孩子便不能深刻体会到父母的爱。父母应让孩子知道自己对孩子的爱之深，从而激发起孩子的爱心，引发他们来自内心的更深刻的感恩情怀。

第二，向孩子表达爱。表达是感恩的重点和关键，父母对孩子的爱不只要表现在行动上，而且要表达出来，在孩子的心里播下感恩的种子。

第三，引导孩子将感恩升华。感恩是广泛而深刻的，要引导孩子从感恩父母开始，学会感恩学校、感恩他人、感恩社会。告诉孩子，在得到别人帮助的时候，哪怕得到的帮助是微不足道的，都别忘了说声"谢谢"。促进孩子形成良好的思想道德品格和健全的人格。

这世间，所有的相遇都是百转千回。

其中，对孩子来说，最幸运的莫过于，无论将来他走得多远，回头一看，有人对他的好，依旧温暖着他，照亮着他前行的路。

对症下药，治治孩子的"小心眼"病

01

孩子上小学一年级了，爸爸开着自家的"霸道"把儿子送到学校，他认为自己的儿子聪明、漂亮、机灵，一定会成为班里的佼佼者。

果然不出所料，三天后，孩子放学后兴高采烈地向父母报告："老师让我当班长了！说我学习好、聪明、能力强！全班同学里只有我获得的表扬最多，其他的孩子都不行！"

爸爸妈妈也很高兴："就是嘛！谁能比得上我儿子呢！"

然而半个学期没过去麻烦就来了。孩子回家后，总是拉长了脸，向妈妈数落自己的同学不好：小峰只不过会跑步，大家都捧他，但其实他是笨蛋；张斌只不过长得高点，有什么了不起的，穿得那么土……而且他还向妈妈抱怨同学们都嫉妒他，不理他。

结果妈妈向老师一问才知道，原来孩子在班上总是表现得心胸狭隘，如果班上有哪个同学在哪方面超过了他，他就会反应强烈，甚至诽谤人家，因此同学们都疏远他。

不仅如此，孩子也不能接受老师的批评。有一次，老师说他学习好，工作能力强，就是工作方法上存在着一些问题，同学关系有时会出现一点紧张，希望他能稍微改变一下。老师说得很委婉，也很诚恳，但心胸狭隘的孩子根本听不进去。为了这件事，他一连几天拉长着脸，也不说话，他觉得太不公平了，老师怎么能这样对他呢？

孩子总因为一些琐碎的小事而生闷气，妈妈看在眼里，急在心里，她越来越为儿子担心，她担心儿子这样的性格将来交不到朋友，适应不了社会。

心胸狭隘的孩子多是人际关系中的失败者。

心胸狭隘使孩子不能容忍别人，他们眼里只有别人的短处，嫉恨别人的长处，结果使朋友越来越少，快乐无人分享，痛苦无处倾诉，有困难无人帮助，致使心胸更加狭隘，难以解脱。

心胸狭隘的孩子，基本难成大器之才。

一个人的成就，往往与他的格局和胸怀成正比。心胸狭隘的孩子，对人对事以自我为中心，任性而为，不肯接受别人的建议，缺乏容人的气量，遇事不满就牢骚满腹，将责任归咎于他人，这样的恶人不会得到别人的鼎力相助。

没有豁达心胸的孩子，即便他真的很聪明，很有能力，也会因为无法与人合作而被社会淘汰。

02

心胸狭隘是当今社会许多孩子身上的通病。

哪怕单纯是为了孩子，我们也应该帮助孩子扩充自己的心胸，这也是孩子身心健康发展的保障。

那么问题来了：为什么小时候那么天真可爱的孩子，会变得越来越心胸狭隘呢？

孩子狭隘的心胸并非天生，而是后天养成的。父母不当的教育方式是一个很重要的因素！

1. 生活环境影响

现在的孩子多为独生子女，在家庭中，孩子就是一切，爷爷奶奶、爸爸妈妈整天围着一个孩子转，孩子就是"小太阳"，孩子的要求从不会被拒绝。长此以往，孩子就形成了一种错误的认识："我"是最好的，谁都不如我。因此当孩子走出家门，面对更广阔的世界时，难以接受别人比自己强的现实。

2. 教育环境影响

家长望子成龙心切，很早就开始进行超越孩子承受能力的教育，使孩子失去了天真烂漫的个性和敞开胸怀接受大自然的机会，缺乏同龄儿童间的嬉戏。再加上万般宠爱集一身，更难以培养出谦让、爱人的优良品质。进入幼儿园或学校这个集体后，成绩至上的学习氛围，使孩子经常放弃课外活动，放弃相互帮助，稍不如意即暴躁易怒，带有强烈的神经质特点。

3. 家长的性格和教养方式对孩子的影响

父母的性格、爱好、习惯对孩子的言传身教作用很大，对孩子的性格起着奠基作用，甚至许多孩子的性格完全是父母性格的翻版。所以，如果父母平时斤斤计较、心胸狭隘的话，那又怎么来要求孩子呢？

其实，孩子早期的行为，绝大多数是从父母身上模仿而来，不管是待人接物，还是学习生活，都能够在父母身上找到影子。所以若你豁达大度，与朋友邻里和谐相处，那么孩子自然而然就会变得宽容友善。

03

孩子就像一张白纸，简单、干净而纯粹，他们也很容易发生变化，变得豁达，或是变得狭隘，而他们怎么变，取决于自己的父母。

父母要通过自己的潜移默化，拓宽孩子的格局，就像孩子学舞蹈一样，越小的时候培养，就越能挖掘他们的柔韧性，越小的时候培养，孩子的接受能力就越强。

第一，以身作则。 父母让孩子学会大度，首先自己应有大度的品质。如果父母本身心胸狭隘，无视他人的意见，习惯于将自己的意志强加于人，不给人改错的机会，为一点小事争执不休，为一点小利而斤斤计较，孩子又怎么能大度呢？父母宽容、大度、遇事不斤斤计较，孩子就会学着父母的样子处理自己与同学之间的关系，也会变得有容人之量。

第二，增加孩子的社交活动。 孩子心胸狭隘的一个重要原因，就是从小和同龄孩子接触太少，父母处处对孩子忍让，孩子从来不能站在别人的角度考虑问题，完全以自我为中心。因此，父母应多提供机会，让孩子经常与小朋友交往。在交往中学会宽容、体谅他人；提高人际交往能力及社会适应能力，养成良好的性格。

第三，不护短，不偏袒孩子。当孩子在交往中遇到矛盾和纠纷时，父母千万不要偏袒自己的孩子，这样做会让孩子错误地认为自己的地位是特殊的，别人都比不上自己，都要让着自己。

第四，不妨让孩子体验一下心胸狭隘的害处。父母要让孩子认识到，如果一个人总是心胸狭隘，别人就会讨厌你，或不喜欢和你做朋友，而且做错事时也得不到别人的原谅，会被彻底地孤立起来。这样孩子就会认识到，心胸狭隘是一件不好的事，并慢慢地摆脱这种坏习惯，心胸变得开阔起来。

第五，引导孩子去共情。父母可以通过角色互换的方式，引导孩子设身处地地站在别人的角度看待问题，以此来反省自己的行为，摆脱内心的灰暗情绪，学会善待别人。例如：

这天，王毓一回到家就开始发脾气，嘴里不停地嘀咕："哼，我非和她绝交不可！"

妈妈看到王毓这副模样，便走过去询问："怎么了？满脸的不高兴！"

王毓回答："说起来我就生气，我们班那个媛媛，竟然把我借给她的 CD 弄坏了，那盘 CD 可是绝版的，现在有钱也买不到呀！你说气不气人？"

妈妈这才明白了女儿为何如此生气。她拉着王毓的手，慢慢说道："媛媛不是你最好的朋友吗？我还记得上次文艺晚会，你借了她的鞋子参加表演，后来好像还把人家鞋子的鞋跟给弄断了，对吧？媛媛最后不是丝毫没有责怪你的意思吗？"

王毓被妈妈这么一问，脸顿时红了起来："对呀，媛媛对我很好的。"

妈妈接着说道："所以，她一定不是故意弄坏你的 CD 的，说不定她比你还难受呢。孩子，何不宽容一下别人的错误呢？"

王毓点点头，心想，明天上学的时候，一定要告诉媛媛，自己不生气了……

豁达意味着理解，不斤斤计较。父母们在日常生活中，要教育孩子不能只看到别人的短处，不能看不起别人，不要斤斤计较。

比如，当孩子抱怨："我的那本《格林童话》小红都借了快两星期了，她还不还给我。"父母可以这样回答："没关系，她可能看书比较慢呀，对不对？上次她把网球拍借你玩了那么久呢。你还有很多书可以看呢，别着急呀。"

当听到孩子抱怨："我恨死 ×× 了。"父母们要注意了，这是个危险的信号，要适当地开导孩子："为什么呢？"要教导孩子多看看别人的好处，不要把别人的缺点记在心里，要豁达大度地对待别人。因为只有豁达待人，才能获得别人的爱戴与敬重，才能赢得更多的朋友，才能很好地和别人沟通和交往，使人际关系协调。

带着你的孩子，自愿去助人为乐

01

刘明对待工作积极认真，勤勤恳恳，在领导眼里，是个很不错的小伙子。

然而，同事们可不这么想。

刘明刚到公司的时候，为了站稳脚跟，同事们有所求助，他总是能帮就帮，同事们没少夸他。可刘明心里其实并不高兴，他觉得，自己除了得到几句赞美之外，并没有得到什么实际好处，实在是太亏了。

于是等到职位转正，地位稳固以后，刘明开始斤斤计较起来。同事找他帮忙，他都要人家意思意思，嘴里还说："总不能让我白忙吧？"久而久之，同事们即使有事需要帮忙，也不找他了，甚至于一提到刘明，都会说："他这个人太现实了……"

渐渐地，刘明感觉到同事们都疏远他了。

在工作方面，他也没有了以往的热情，用他的话说："付出那么多干什么？我干得好干得差，工资都不会少我的。"

时间一长，刘明觉得工作越来越没有意思，自己再也没有想建功立业的追求了，变得越来越颓废。由于刘明的工作表现实在太糟糕了，在公司又没有人缘，几个月以后，刘明被公司解雇了。

成功学上有这样一条定律：要想取得成功，就必须有长远的眼光，不着眼于小利之上。

而那些失败者往往都欠缺这一点，他们目光短浅，过于看重眼前利益，凡事都爱斤斤计较，不肯吃亏，给人留下了"自私自利，小家子气"的印象，无形之中便影响了人脉的发展，导致事业和生活的失败。

02

现在的孩子，物质条件优越，为了他们的智能培养，家长们也是不惜一切力量，千方百计使他们聪明起来。同时也教给了他自私，以自己为中心。虽然孩子在智能、体能发展方面比较占优，但在个性品德方面却是个弱势。

一位儿童教育家说："只知索取，不知付出；只知爱己，不知爱人，是当前独生子女的通病。"他们只知道自己有接受关心和给予的需要，不知道别人也有被关心和给予的需求。由于缺少"帮助他人"的责任心和义务感，所以当他们一旦进入集体生活，在建立良好的人际关系方面就会遇到较大的困难。

当孩子的自主意识和自发行为还不那么完善的时候，父母应该以身作则，做一个好的引路人。

瓦妮莎是一家律师事务所的高级雇员，这样的职位在美国也算是高收入阶层了。瓦妮莎的女儿在一所私立学校读二年级，是个很可爱的小女孩。

瓦妮莎和她的女儿有一个约定，每周要到附近的一个老人公寓去帮助那里的老人修剪草坪。瓦妮莎的邻居是一对来自中国的夫妇，他们觉得一个年收入10多万美元的妈妈带着一个8岁的小女孩去给人家扫地、割草，并且还是免费的，怎么听着都让人不可理解。如果妈妈想满足孩子奉献爱心的欲望，可以花费一点儿钱去找个工人来代替孩子做好了。孩子只需要在一边看着就行。

但是瓦妮莎认为那完全不是一回事情，妈妈带着孩子一起去做点义工不仅是应该的，还是必需的。如果只是要捐助，那么就应当去找合适的机构。小女孩在妈妈的影响下，做事情也做得很努力，她说："我必须要做这些事情，我妈妈说这一切都是在帮助别人，是每一个人应该去做的。"

也许你会觉得这个小女孩很可爱，可是自己的孩子，娇生惯养惯了，即使有心去引导他帮助别人，一时之间，也找不到什么太好的方法。

怎么办呢？

03

有些父母想到了物质奖励，即以某种条件来"引诱"孩子做好事，事实上这并不是一种明智的做法。

有一个女孩，爸爸妈妈让她承包家务，倒垃圾一个月给30元钱，洗碗一个月给50元钱。开始时，女孩的劳动积极性很高，干得也很好，可后来妈妈发现了不良的苗头：让她去楼下超市买东西，她提出要1元钱的跑腿费；让她帮大人递东西，她说自己没有承包，没义务。这个星期天，爸爸生病了，妈妈要去单位加班，嘱咐女孩在家帮爸爸做一些力所能及的事情，女孩竟然问妈妈，给她多少钱作为报酬？最后，女孩父母不得不废除了承包协议。

一味地给予物质奖励，会使孩子的欲望越来越大，沾染上自私自利和功利主义的毛病，养成斤斤计较、讨价还价的庸俗习气。此外他们会形成一种错误认识：所有的付出都应该得到金钱回报，因而不可能养成无私奉献的高尚品格。

基于上述弊端，父母要让孩子理解，帮助人与获取报酬的劳动是不同的。帮助人是为了给人快乐，不是为了获得报酬。教育孩子明白干家务是体谅、帮助父母，是家庭成员应尽的义务。

第一，父母要明白，其实孩子未必真的贪钱，但我们不能助长孩子养成做任何事都要讲报酬的习惯，应该巧妙地和孩子说："原来钱比我更重要呀，我会很伤心的。"让孩子明白父母希望他诚心诚意地帮助，也让他明白父母对自己的期望，不要过分重视报酬。

第二，父母平时应该注意，尽量不要用金钱利诱孩子帮忙做家务，做成双重标准，否则将来想改正也难了。父母最好多鼓励孩子做家务，让他觉得帮忙做事是应该的，父母也别忘记多使用"请……"邀请孩子帮忙，或者在孩子帮忙后，及时说声："谢谢你的帮忙……"作为代替报酬的奖赏。

第三，要引导孩子多参加公益劳动，如让孩子清扫公共的楼梯和过道，清除花园的杂草等等，让孩子懂得劳动并不一定要取得回报，劳动是与奉献紧密相连的，让孩子在奉献中感受到快乐。

总而言之，用物质来引导孩子，绝不是一个可取的长期对策。父母在激励孩子时，应该以精神奖励为主，比如：孩子做了好事，可在家人或亲友面前表扬他，使他产生荣誉感；年龄小一点的孩子还可以给他戴红花，贴红旗；还可以拥抱、亲吻、口头表扬他，或者发贺卡和奖状；如果孩子连续一段时间表现得好，可以带他去看电影、旅游或吃一顿他喜欢的饭，等等。

第 5 章

精通社交礼仪，
是孩子能够有效社交的绝对前提

彬彬有礼的孩子，走到哪里都讨喜

01

妈妈正在跟亲友闲谈，7岁的孩子走过来拉她的胳膊，她要喝苹果汁，而且是马上。

妈妈说："乖宝贝，稍等一会儿，我就给你去拿。"然后又回过身和亲友交谈起来。

孩子突然大叫道："妈妈，你给我闭嘴！"

孩子这样无礼，使妈妈感到尴尬，但更令她感到担心的是，孩子这样对她已经不是一次两次了。

——"孩子在家里经常用这种粗鲁的态度说话，而平时我不甚注意，这次我之所以注意到她的态度，是因为她是当着客人的面这么说的。"

很多父母在孩子刚开始表现出不礼貌的行为时，都觉得是童言无忌。

他们甚至觉得孩子做出的不礼貌举动，说出的不礼貌语言"萌萌的"，很好笑。

而孩子看到父母的逗弄和欢笑，他们则会觉得，自己这么做是对的！

我们经常这样自己安慰自己——"孩子还小"，但你现在不教他懂礼貌，准备什么时候教呢？

或许，有些父母还不明白礼仪对一个人的重要性！

02

日本的东芝公司是一家著名的大型企业，创业已经有 90 多年的历史，拥有员工 8 万多人。不过，东芝公司也曾一度陷入困境，士光敏夫就是在这个时候出任董事长的。他决心振兴企业，而秘密武器之一就是"礼遇"部属。

身为偌大一个公司的董事长，他毫无架子，经常不带秘书，一个人步行到工厂车间与工人聊天，听取他们的意见。更妙的是，他常常提着酒瓶去慰劳职工，与他们共饮。对此，员工们开始都感到很吃惊，不知所措。渐渐地，员工们都愿意和他亲近。他们认为，士光敏夫董事长和蔼可亲，有人情味，我们更应该努力，竭力效忠。因此，士光敏夫上任不久，公司的效益就大幅提高，两年内就把亏损严重、日暮途穷的公司重新支撑起来，使东芝成为日本最优秀的公司之一。

无疑，与人为善、坦诚待人、谦恭有礼，是士光敏夫成功的法宝之一。而他真正高明之处，在于巧妙地将几者融为一体，形成了自己与人交往的风格。正是这种融为一体的风格，才使他在复杂的商海中游刃有余，成为了一位魅力与实力并存的人物。

礼仪是人与人之间沟通、交往的基础与前提。相对而言，懂礼貌的孩子更容易得到人们的喜爱，成为一个受欢迎的小家伙。所以，我们要从小培养孩子文明有礼的好形象，这会使我们的孩子更易融入社会。

从交际的角度来看，礼仪可以说是人际交往中适用的一种艺术，一种交际方式或交际方法。是人际交往中约定俗成的示人以尊重、友好的习惯做法。

从传播的角度来看，礼仪可以说是在人际交往中进行相互沟通的技巧。

从个人的角度来看，一是有助于提高人们的自身修养；二是有助于美化自身、美化生活；三是有助于促进人们的社会交往，改善人们的人际关系；四是有助于净化社会风气。

从团体的角度来看，礼仪是团队文化、团队精神的重要内容，是团队形象的主要附着点。大凡国际化的企业，对于礼仪都有高标准的要求，都把礼仪作为企业文化的重要内容，同时也是获得国际认证的重要软件。

所以，学习礼仪，懂得礼仪，不仅是时代潮流，更是提升孩子竞争力的现实所需。

03

其实，很多家长也很注意孩子的礼仪培养，当孩子有不礼貌行为时，他们就会训斥、批评。

然而，不知道家长们有没有想过这样一个问题：孩子知道礼貌的概念是什么吗？他们能够分清什么行为是有礼貌的，什么行为又是没礼貌的吗？

一个5岁的女孩在被妈妈多次批评没礼貌之后，问妈妈："你老说我不懂礼貌，到底什么叫礼貌呀？"

直到此时，妈妈才醒悟，一个刚5岁的孩子对于抽象的礼貌是不理解的，因而也无法要求她有礼貌的行为。要想把孩子培养成彬彬有礼的小公主，第一步应该是告诉她什么是礼貌，为什么要讲礼貌。

北京八中的刘畅是一位品学兼优的学生，他的父母是这样教育他的：

在早期教育当中，他们除了开发他的智力外，也同步进行着文明行为的训练，培养孩子彬彬有礼的习惯。例如，在宴席上，他们让孩子坐在椅子上，默不作声地吃大人夹给他的饭菜。咳嗽时，他们提醒孩子要对客人说"对不起"。饭桌上，孩子不小心把饭粒掉在地上，他们抓住他的小手，一边拍打其手心，一边提醒他不许再犯。饭后，孩子要保姆替他取水，他们提醒孩子，不该随意让别人帮自己做事，若是非麻烦别人不可，一定要说"请""对不起""麻烦您""谢谢"等礼貌用语。

凡是见过刘畅的人都说他气质好、彬彬有礼，落落大方。这也是从小到大逐步养成的。在早期教育当中，刘畅的父母除了开发刘畅的智力、增加灵气、培养能力之外，也同步进行着文明行为的训练。他们的目标不仅仅是要培养出一个聪明的孩子，也要培养出一个文明的孩子。从刘畅学会说话，能够听懂一些简单的提示和要求时起，他们就有意识地在各种场合下，告诉他应该怎样做。比如早晨离开家时，要和家里人说"再见"，到了幼儿园要问"阿姨好""小朋友好"等等。刘畅是坐医院通勤车长大的，在通勤车上，医护人员还教他学会分辈儿，当他准确地称呼"爷爷""奶奶""叔叔""阿姨"时，那稚声稚气的样子着实惹人喜爱。

其实，刘畅父母的这些文明行为训练，许多父母都做了。为什么有的效果差些呢？原因有两个：

一是不能一以贯之地坚持下去；

二是父母对孩子要求是一回事，自己却未能以身示教，

使孩子感到迷茫，不知如何是好。

所以说，我们要培养出一个礼貌文明的孩子，就要利用一切机会培养孩子讲礼貌的习惯，持之以恒，反复训练。

04

礼仪需要从小学习，因此礼仪教育也是家庭教育的一大重点。然而，到底怎样才能培养出彬彬有礼的孩子呢？

培养孩子文明礼貌的习惯，要从一点一滴做起。父母可以从以下几个方面入手：

第一，为孩子树立榜样。古语说："己正而后能正人。"父母若要孩子礼貌待人，首先自己要做表率，父母对孩子的影响最直接、最深刻。父母的身教是对孩子最生动、最实际的教育。父母应充分利用家里待客的有利时机提醒孩子，给孩子示范，使孩子在亲身体验和实践中理解文明、礼貌、热情的含义，并通过父母的行为潜移默化地影响孩子，使孩子在耳濡目染的环境中，逐步形成礼貌待人的品德。

第二，让孩子知道什么叫礼貌。父母应该有意识地在不同场合，根据不同对象教给孩子具体的做法。如对长辈说话时要使用"您"，早上主动向认识的人问好；分别时要说"再见"；请求别人帮助时要用"请"；得到帮助后要说"谢谢"；对长者不能称呼姓名或叫老头，而要称呼"老爷爷""老奶奶""叔叔""阿姨"等；别人工作时不去打扰；不随便打断别人的谈话；不随意插嘴；家里来了客人要有礼貌地回答客人的问话；到别人家里不随意动东西……

第三，反复练习形成良好习惯。好习惯的养成，不是靠说出来的，而必须通过不断的练习才能形成。在告诉孩子什么是礼貌之后，父母要创造条件，让孩子在多次重复的基础上，自觉地去做，习惯成自然。比如，每天都要搭乘电梯好几次上下楼，可以教孩子一走进电梯先向开电梯的叔叔、阿姨或爷爷奶奶问好。别人帮着按了楼层，要说谢谢。离开电梯时，要向电梯里的人说再见。每天这样练习，他自己就会主动地问候了。另外，家长还可以让孩子去给邻居送信、水果等，教他如何敲门，怎样和叔叔、阿姨讲话等。

第四，及时制止孩子的不礼貌行为。让孩子明白，你愿意在他对你有礼貌时答应他的要求，而不喜欢听到他命令你。

这当中要注意的是，你自己与孩子说话，也不要用命令的语气，因为，孩子的模仿力是极强的，父母就是他人生最重要的第一任老师。你应该经常对你的孩子说"请""谢谢"，让他明白礼貌用语是日常交流的一部分。

第五，对孩子的表现作出评价。对孩子的行为作出评价，通常是刺激孩子学习的最佳催化剂。客人在时，父母对于孩子良好的表现可以表扬、鼓励；客人走后，父母也可以对孩子的表现作出评价，肯定做得好的地方，指出不足以及今后要注意的地方。

这里需要指出的是，孩子在接待客人中出现了失误，如打碎了茶杯、弄脏了饭桌，父母千万不要当面批评，要保护孩子的积极性，对待孩子的过失要重动机轻结果，要原谅孩子由于缺乏经验而出现的过失。

第六，表扬孩子的礼貌行为要具体。"鼓励"应该贯穿于教养子女的全过程。对那些已养成坏习惯的孩子，表扬就更为重要。父母应留心孩子的行为，尽可能地鼓励他偶然的礼貌行为。

不过，要让孩子明白你为什么表扬他。你应该在表扬他的时候，具体说明你表扬他的原因。家长们往往只说"好孩子！""真不错！"实际上，应该具体地说"你刚才要糖吃的时候说了'请！'，真是个好孩子！"或者"你刚才排队等其他小朋友领完冰激凌才自己领，做得真不错！"你的表扬要具体明确，这样孩子才知道自己的好表现会得到你的肯定和鼓励，应该坚持下去。

第七，要培养孩子养成对人对事最起码的礼仪。坐要有坐样，站有站样，这也是一种文明礼貌。说话要和气，要轻声。有的父母说话大声嚷嚷，孩子也会学着父母的样子。那么我们要不要培养孩子大声说话呢？只是在向大家说话的时候要稍大声一些，让大家听得见，平时说话要轻轻的。

一个人生活在社会上，要想让别人尊重自己，首先要学会尊重别人。从小就让孩子知礼达理，能为孩子在将来的社会交往中铺垫好和谐融洽的气氛，能够使孩子轻松建立、保持、改善人际关系。这对孩子来说，将有莫大的裨益。

谁也不能轻贱！——教育孩子平等待人

01

吴锐是个有点"势利眼"的孩子。平时在班里，他只跟家境富裕的同学做朋友，对那些家庭条件差的孩子则不理不睐；他只跟学习成绩好的同学来往，对那些学习成绩差的同学则冷言以对。他的这种做法，同学们看在眼里，不满在心里，尤其是一些来自农村的学生，他们感觉自己受到了吴锐的歧视，心里很不舒服，也因此从不和吴锐说话。

在校外，吴锐也是这样，平时对待他那些有钱有势的叔叔阿姨就很亲切，见了面后小嘴特甜，一口一个"叔叔"，一口一个"阿姨"地叫，叫得人心情都变愉悦了；而对家里的那些穷亲戚，他则看不上眼，既然看不上眼，那就也没有这么热情了，见了他们时，吴锐都是爱理不理的，其表现简直可以用"判若两人"来形容。

可能很多家长都发现了，现在的孩子往往会有一点"势利眼"倾向。比如，谁家的孩子打扮得比较漂亮，用的文具比较高级，他身边聚集的朋友就多一些，大家都对他好一些；而家庭条件相对较差的孩子，在学校可能就会遭遇冷淡。

更可怕的是，有些家长甚至明确要求自己的孩子：不要和那些××的孩子一起玩耍，会让自己变差……整个社会的功利化，导致了孩子纯真的童年开始功利化，这是值得我们深刻思考的问题。

家长们可能还没有意识到，孩子是否能够平等待人，在一定程度上决定了他们在以后的交友过程中是否成功，也就决定了孩子将来能否成为一个成功的人。

02

两个汽车交易厅在同一条街上打擂台，相互间竞争非常激烈。

有一天，A 厅来了个奇特顾客：他穿着一条沾满泥巴的裤子，手里还拎着个塑料袋，总之，他的形象与汽车展示厅显得格格不入。

A 厅的一位导购小姐皱着眉头走了过来，问道："先生，您需要什么车？"

这个人有点慌乱地说："啊，不，我只是看看。"

导购小姐眉头皱得更深了，说"我们这的车都是展示的，你别给碰脏了，再说我们这儿也不是商场，跑这儿来参观什么！"导购小姐说完后，扭头走了。这个人讪讪地站了会儿，也只好离开了。

过了一会儿，他推门进了 B 厅，一个导购小姐看见了他，马上跑过来打招呼："先生，有什么可以为您效劳的吗？"

这个人淡淡地说："我就是看看。"

导购小姐紧跟在他身侧，每当这个人对某一款车多看几眼，她就赶忙介绍一番。

这个人有点不好意思了："我不买车，只是看看！"

导购小姐却仍是满面笑容："我知道，不过让您了解一下也好啊！"

听完导购小姐的话，这个人紧皱的眉头也舒展开了，"小姐，我要买 30 辆 Z－Z 型农用车，你马上给我下单吧！"

导购小姐大吃一惊，"可，可我们经理不在！"这个人温和地笑着说："不用找你们经理了，你对我的态度已经使我毫无保留地信任你！开票吧，我先付订金！"

因为轻视别人，A 厅导购失去了一个数额巨大的订单，如果她知道那位衣衫陈旧的人居然是个大客户，一定会后悔不迭吧！

生活中，很多人都是深藏不露的：达官贵人，看起来也许就像平易近人的街坊邻居；千万巨富，也许衣着普通如同升斗小民……很多机会也常常是披着陈旧的外衣而来的，轻视它，它就会一去不回头。

人生路上，孩子会碰到各种各样的人，每个人都有自己的独特之处，我们无法预知什么人会对孩子有所帮助，什么人能影响孩子的命运，所以我们需要让孩子懂得一视同仁，这样他才能抓住更多的机会，才能更快地走向成功。

03

豪华·哲斯顿被公认为魔术师中的魔术师。40 年间，他游走在世界各地，所有观众都被他神奇的表演深深吸引。40 年来共有 6000 万人买票去看过他的表演，他赚了 200 多万美元的利润，这在当时来说，已经是一笔巨款了。

豪华·哲斯顿最后一次在百老汇登台，卡耐基花了一个晚上待在他的化妆室里，向哲斯顿请教他成功的秘诀。

哲斯顿告诉卡耐基，关于魔术手法的书已经有好几百本，而且有几十个人跟他懂得一样多，因此，他的成功并不是因为他的魔术手法与众不同。但他有两样东西，其他人没有。

第一，他能在舞台上把他的个性显现出来。他是一个表演大师，了解人类天性。他的所作所为，每一个手势，每一个语气，每一个眉毛上扬的动作，都在事先很仔细地预习过，而他的动作也配合得分秒不差。

第二，就是他十分尊重观众。他告诉卡耐基，许多魔术师会看着观众对自己说：“坐在底下的那些人是一群傻子，一群笨蛋。我可以把他们骗得团团转。”但哲斯顿的想法完全不同。他每次一走上台，就对自己说：“我很感激，因为这些人来看我表演。我要把我最高明的手法，表演给他们看。观众可不是傻瓜，只要我出一点错，他们马上就会发现的，所以我要认真再认真。”

他说，他没有一次在走上台时，不是一再地对自己说：“我爱我的观众，我爱我的观众。”也正是因为有了对观众的尊重，才使得他的表演更具吸引力。

豪华·哲斯顿完全掌握了做人的一项重要原则：小瞧别人的人，是不会受到别人的尊重和认可的。他尊重他的每一位观众，对他来说，魔术不是哄骗观众，而是与观众交流感情的工具。因此他博得了观众的好感，在魔术表演上取得了巨大的成功，他的魔术表演，并不比别的魔术师更为神奇，但他对观众的尊重却帮了他大忙。观众是敏感的，台上的魔术师是以怎样的态度对待他们的，他们立刻就可以感觉得到。

要想获得别人的友谊或感情，就要用心去改善自己的态度，并增进能让别人喜欢自己的品质，而这品质中最重要的一条便是学会尊重别人。

04

现实的社会中，由于各种各样的原因，人们存在着很多的不同：如高、矮、胖、瘦、穷、富、贵、贱、性别、种族、国别、家庭、职业等方面的差别。我们在教育孩子的过程中，应教会他们客观地看待这种差异性，告知他们不管人们之间存在怎样的差异，都应该平等对待、互相理解、互相尊重。

第一，平等地对待孩子。要让孩子学会平等待人，父母首先要平等对待自己的孩子，要和他们进行平等的交流。很多情况下我们与孩子的交流是不对等的，有时不经意间我们就给了他们不良的暗示：显示自己的权威最好的办法就是让人服从，服从是值得赞许和表扬的，不服从就是不好的，就是不尊重自己。因此孩子在以后的生活中，是很难做到平等待人的。

父母不妨经常地鼓励孩子表达自己的意见和看法，与其平等的进行交流。

父母可以定期召开一些家庭会议，让孩子也加入其中。家里有什么事情也可以和孩子讲一讲，听听他的看法或意见，鼓励他大胆地说出来，让他意识到自己在整个家庭中的地位和作用。

第二，父母以身作则。孩子每天接触最多的人就是父母了，父母的一言一行对孩子有着很深的影响，如果父母平常就是个势利眼，看不起地位低、没有钱的人，只对有钱有势的人敬重有加，那么孩子自然也会受到父母这种坏风气的影响，变得势利、世故，所以父母在平常的为人处事、待人接物中，应避免出现偏见和歧视的现象，做到平等待人处事。

第三，让孩子发现别人的优点。俗话说："尺有所短，寸有所长。"人各有各的优势，必须以积极、平等的心态对待每一个人，把每一个人都当作重要的人物来看待。对孩子而言，就是要让孩子发现每个伙伴都有自己的优点，每个伙伴都是值得他去尊重的，从而引导孩子平等待人。

其实，在每个人的周围都存在着很多人，他们可能身份地位、家庭状况都存在着差异，但是他们都是平等的人，没有谁可以凌驾于谁之上，只要坚持自己的立场，就都拥有独立的尊严。父母在教育孩子选择朋友的时候，必须从平等出发，让他们用真心去对待每一个身边的人，这样，孩子必然能够收获真挚的友情。

无论如何，请你和孩子一起尊重老师

01

前几天，表妹哭丧着脸对我说，她被儿子给坑惨了。

她儿子今年上幼儿园大班，但她对班主任印象不太好，觉得这位老师太年轻、经验少，而且注重穿着——老师不是应该布衬衫、中山装，戴着一副厚眼镜的吗？怎么可以这么青春美丽！哼。好生气！

谁知道，她家熊孩子别的话没记住，单单这些话记住了。

前几天，表妹送孩子上学，老师正等在幼儿园门口，打过招呼以后很自然地拉起孩子的小手往校园里走，孩子却把手抽了出来，说："你不要拉我手，你这个着急出嫁的女人！"

老师的脸当时就全是黑线，问："谁教你的啊？"

孩子小手一指："我妈妈说，你整天穿得这么漂亮，一看就是急着嫁人了！"

老师脸都气红了，眼神不善地看着表妹，表妹无比尴尬，讪笑道："别听小孩子瞎扯谎话……"然后，灰溜溜地赶紧走了。

表妹被这事弄得茶不思饭不想，生怕老师因为这事给儿子穿小鞋，想去找老师解释解释，又怕越说越尴尬，心想着要不要给儿子换个班啊……

我批评她……原谅我当时还是忍不住笑出声了，我说你怎么可以在孩子面前说这样的话，你这情商还不如个略大一点的孩子呢！

对老师，即使你有什么不满，可以合情合理地去沟通，但千万不要在孩子面前说老师的坏话。

孩子会因为不亲其师而不信其道，不服从老师的管教，最后受到伤害的只能是孩子。

02

在某重点小学里发生过这样一件事：

有一位母亲，非常在意孩子的在校状况，生怕孩子在学校吃一点亏。

有一天，孩子放学，母亲按例问他："今天怎么样？"孩子回答："我不喜欢陈老师，她也讨厌我，今天我一直举手，老师却只叫别的同学。"

听到孩子这样说，母亲立刻火了，打电话到学校，一口气说出她对老师的不满。当校领导找陈老师了解情况时，陈老师感到很意外，而且对这位母亲的无端指责也感到非常委屈和气愤。

事实上，陈老师压根不讨厌这个孩子，而且这个孩子成绩很好，老师还希望他能担任学习委员呢。当天课堂上之所以没有叫他，只不过想给成绩差的同学一些发言机会，没想到家长竟然为这个指责她。

从这以后，这位学生和老师之间的关系变得很微妙了，老师虽然没有故意找学生的茬，但学生心里有了障碍，再也不敢举手发言了，甚至产生了厌学情绪。

后来，这个学生虽然经历了调班、升学，但他对每一位老师都有莫名的恐慌情绪，最终导致自己在高考中一败涂地，纵然一再复读，也是无能为力，最后只好靠卖力气维持生计……

如果不是当初孩子的母亲一时头脑发昏，孩子的人生应该是走向另一条路吧？

很多时候，孩子心中的答案，就是父母嘴里的答案。你说这世界阳光明媚，他就会觉得处处柳绿花红；你说这世界糟糕无比，他眼中就是一片阴暗。

毁掉和成就一个孩子都很简单，你只需要在他心里播下一颗或明或暗的种子，然后在他成长过程中，不断暗示、催化，他就能让这颗或明或暗的种子，长成一棵巨树。

03

老师，是这世界上唯一和孩子没有血缘关系，却像至亲一样关心孩子的人。孩子成长他真心高兴，孩子退步他也着实焦虑。尊重老师，就是尊重孩子的未来。

生活中，有时我们的孩子会说出一些不尊重老师的话，或是做出一些不尊重老师的举动，此刻父母必须重视起来，要及时引导和教育他，防止孩子对老师的偏见在心里生根发芽。

新学期，尧尧班上来了一个新班主任老师，可是，这位老师似乎不太讨班里同学的喜欢，因为她太严厉了。

尧尧也不太喜欢这个新老师，他觉得老师整天绷着一张脸，不好看。此外，尧尧不喜欢她的另一个原因是，这位老师常常点尧尧回答一些难题，每当尧尧答不上来的时候，老师总是用略带责备的口吻说："这方面的知识还要继续巩固呀，知道吗？"

这天，尧尧又被老师"责备"了，他心里闷闷不乐。回到家中，尧尧冲着妈妈喊道："我好讨厌这个老师呀，整天冷着一张脸。"

妈妈连忙阻止："你怎么可以这样说话！"

尧尧争辩："她都不会笑，看着好讨厌！"

妈妈走到尧尧身边，严肃地对他说："你知道吗？尊师是一个人必须具备的人品，所以你不能这样说老师。也许老师希望在你们面前树立严厉的形象，所以有时会不苟言笑，但是，我相信每个老师都有同样的愿望——希望自己的学生能够进步。明白妈妈的意思吗？"

尧尧点点头，脸不由得红了起来……

一项教育调查显示，越来越多的孩子对老师存在偏见。

而如果我们听之任之，那么无论是对教育事业的发展，还是对孩子的自身成长，都会有十分巨大的危害。因此，当父母发现孩子对老师产生偏见以后，一定要加以注意，以一种温和的姿态，劝导孩子，消除孩子的偏见。

04

父母对校园教育的支持程度，决定了孩子的进步速度，所以，父母、老师这些孩子成长初期最重要的领路者，相互之间的配合非常重要。在孩子努力奔跑的路上，老师是他最大的助力者，情商在线的家长，都会和老师站在一起，结成教育同盟，心往一块想，劲儿往一块使，共同帮助孩子不断进步。

第一，父母要教会孩子理解老师。老师也是人，也会有错误，我们要引导孩子换位思考，告诉孩子，人无完人，作为学生要给予理解，要对老师有一份"宽容心"和"敬爱心"。

让孩子站在老师的角度设身处地地想一想，老师是不是故意地站在他的对立面，自己的言行有没有什么误导。通过换位思考，就会认识到，班级里那么多的同学，老师要想真正做到有的放矢地进行教学和教育工作也是很困难的。他们对问题的判断也不一定就准确无误。师生间出现些暂时的误解，学生应本着有理让人、无理认错的态度，这样才能真正地改善师生关系。

第二，要让孩子懂得接受老师的批评。当看到孩子因为做错事受到批评心里不快时，父母应平和亲切地告诉他："孩子，当一个人爱你、对你负责时，才会批评你，其目的是让你认识到自己的错误。"

让孩子明白，原来老师批评自己，是对自己负责，是对自己好，是爱自己的表现。另外，要让孩子明白被老师批评的原因。老师批评学生，肯定事出有因，比如课堂上不认真听讲，比如破坏课堂纪律，比如不遵守队列秩序，比如课下不团结欺负同学，比如私拿别人的文具，比如不认真完成作业，比如和老师撒谎等等。家长平时都要有针对性地教育和引导孩子，通过和孩子交流发生在学校里的事情，把预防性教育放在前面，让孩子明白，有哪些事容易受到老师的批评。只有这样，才能让孩子在受到老师批评时，从心底里愿意接受，并加以改正。

第三，让孩子喜欢上老师。刚上学的孩子，对老师都是有畏惧心理的。父母应该有意识地培养孩子确立"老师是最可亲近的朋友"的观念。比如，可以跟孩子讲讲自己小时候被老师关怀呵护的事情，逐步消除他们的畏惧心理。有些家长在这方面的做法就很欠考虑，孩子上学以后，他们就把老师当成震慑孩子的工具了，动不动就拿老师来恫吓孩子："你再不听话，明天我就找你们老师去，让老师好好教训你！"如此一来，孩子对老师的印象怎么好的起来？他们甚至会惧怕老师，不愿上学。

如果孩子不喜欢某位老师，父母一定要主动与这位老师沟通，以平和、尊敬的态度向老师咨询，了解孩子在学校里的表现，设法取得老师的帮助和支持。让老师适当给予孩子一些"偏爱"，比如批改作业详细一些，主动找孩子谈谈心，课堂提问多一些，多给孩子一些表扬、鼓励等等。老师的这些做法，让孩子感觉自己非常受老师重视，比家长讲的大道理管用多了，孩子很快就能改变对老师的看法的。

第四，正确对待老师工作中的缺点。家长对老师的工作有看法，不要当着孩子说长论短，而应诚恳地与老师交换意见。另一方面，家长要多挖掘孩子老师的优点，可以到学校做一些侧面的观察、调查，找一些对孩子老师熟悉的人，尽可能多地了解老师的长处、闪光点，然后装作无意识地把老师的这些长处、闪光点告诉孩子，在孩子面前多夸奖老师，引导孩子认识老师的优点和长处，让孩子对自己的老师有崇拜感。

第五，不过度袒护任何一方。如果老师误判在先，家长不分青红皂白，再对孩子一顿修理，这无异于双重摧残。所以，无论老师还是家长，都应该是孩子心灵的保护神。不要让孩子在自己最亲近、最信赖的人身上，看到绝望。尽信师不如无师。家长必须主动观察，独立判断，寻求解决。

当然，家长在处理这样的事情时，也不能"过度维权"。现在很多老师觉得无奈，如今的独生子女都碰不得，正常的管教都不敢了。这样的教育是失败的，会让师生关系陷入尴尬，也会让家长和老师的关系陷入尴尬。

对老师的尊敬，有利于孩子听老师的话，更快地进步。家长教育孩子尊敬老师，不仅是对学校工作的支持，更是对自己孩子的关心。

在合理的情况下，让孩子懂得适当谦让

01

体育课上，老师发给每个学生一个纸球，让学生们先自己练习，然后再教。大家随即一哄而散，玩得不亦乐乎。

就在这时候，只见两个学生站在操场一角，正在抢一个球。老师感到很诧异，心想不是每个人都有一个球吗，怎么还会抢起球来呢？

老师于是来到两个学生身边，问他们原因。原来他们都嫌另一个球不好，报纸露出一点来了，都认为那只形象好点的球才是自己的。两人都不愿意去拿那只"坏"球，所以才会抢起来。

老师明白了原因，可是那只"坏"球是谁的呢？其实谁都

不知道。于是，老师就鼓励其中一个谦让，可是谁都不谦让。

这种时候，老师也很无奈。

现如今，国内的独生子女越来越多，父母长辈对他们更是疼爱极了，无论孩子提出什么样的要求，都一一答应。时间久了，就养成了孩子的个人主义，令他们不知道什么是谦让。

有的家长也是担心，如果孩子总是谦让，就会不懂得去争取，变得懦弱，什么都无所谓，所以不太能把握好孩子该如何谦让。

其实，谦让的品质是孩子融入社会、与人和谐相处的重要条件。

我们要明白，这个社会，没有竞争，就不会进步，个人的生存和发展就会受到制约。但一味盲目地追求竞争而不懂得谦让，那"竞争"就会走进"死胡同"，变成自己的"独角舞"，最终只会引起别人的反感。所以，我们既要让孩子学会竞争，又要学会谦让。只有具备较强的竞争意识又具有谦让品质的人，才能在群体中、在未来的社会竞争中，团结他人，开创美好的未来。

竞争、比拼和谦让、宽容并不矛盾。竞争、比拼的出发点是为了自己，但是要尊重别人的权利；谦让、宽容的出发点是为了别人，但是要维护好自己的权益。两者结合可以让孩子学会正确处理自己与他人之间的关系。

02

谦让往往使孩子与人无争，显得胸怀大度；谦让是打开别人心灵的窗口，能帮助孩子赢得朋友。

某幼儿园老师决定要奖励孩子们每人一个苹果。但那些苹果有大有小，要怎样分配才不至于导致争议呢？老师把这个"难题"留给了所有的小朋友。

小朋友们各抒己见，向老师提出了很多分苹果的办法。正当大家争论不休的时候，一个小朋友默默地来到老师面前，把桌上最小的苹果拿走了。

其他小朋友一看，都纷纷拿那些小的苹果，很快苹果就在大家互相谦让中分完了。

拿到苹果的每个孩子都美滋滋的，尤其那些拿到小苹果的孩子，虽然苹果不怎么好，但是心里笑得很甜。

小朋友们为了能分配好苹果，刚开始时争论不休，可是当一个小朋友谦让后，其他小朋友们纷纷效仿，问题便迎刃而解了。

谦让能够融化隔在人和人之间的冰雪，能够使人赢得朋友。

大凡世间万事，无不是"争则不足，让则有余"。邻里之间、同学之间、路人之间遇到矛盾，即使"有理"，让一让也会海阔天空。谦让是一种胸怀、一种美德、一种风度、一种智慧，更是一种修养。社会需要谦让精神，时代呼唤谦让精神，我们要教育我们的孩子：在为人处世中须学会谦让。

但是怎样才是谦让，什么时候需要谦让，这是关键所在。

03

在家庭生活中经常出现这样的情况：孩子会把自己喜欢吃的水果给爸爸妈妈吃，但是家长一般的想法是既然孩子喜欢就不忍心咬下去，家长认为只要孩子明白谦让的道理就可以了。结果呢，孩子美滋滋地吃着水果，而且得到了夸奖！"谦让"变成了一种形式，并没有实现真正的教育。

如果，这时父母把孩子让给自己的水果吃了，孩子内心就会经历一次考验，慢慢明白诚实谦让的道理，并内化为自己习惯的行为方式。

孩子今年5岁。由于父母缺乏好的教育方法，他养成了许多坏毛病。不论是吃东西，还是玩玩具，都要自己优先，甚至"垄断"。孩子母亲正愁没有良策，办公室一位大姐介绍了她当年对自己孩子的纠偏之法。

下班后，妈妈买了孩子最喜欢吃的蛋糕。孩子看见蛋糕嚷着要吃。妈妈就按照大姐介绍的办法逐一施行。

"宝宝，蛋糕好不好吃？""好吃。"孩子欢快地回答。"那你想不想吃？""想吃想吃。"孩子有点迫不及待。

见孩子已经进入状态，妈妈话锋一转，提出第三个问题："好吃的东西，爸爸妈妈是不是也想吃呢？"

"这个……"孩子挠了挠脑袋，开始思考这个问题。

"好吃的东西，爸爸妈妈是不是也想吃呢？"妈妈紧跟着又问了一遍。"不知道！"孩子回答说。

"好吃的东西，爸爸妈妈当然也喜欢吃了，外公外婆和姐姐他们也都喜欢吃呢！"妈妈马上自己回答。

孩子听了这话，瞪大了眼睛，露出疑惑的表情。

"可每次为什么我们不吃，而都让给你吃呢？"妈妈又接着问。

"不知道。"孩子回答。

"不是因为我们不喜欢吃，是因为我们爱你、疼你，所以我们省下来，想让你多吃一些。你知道吗？"

孩子眨巴眨巴眼睛，似乎明白了，就点了点头。妈妈马上趁热打铁，问："那你以后有好吃的，要先问别人吃不吃，懂了吗？"

"嗯。"他使劲点了点头。

"那，给你吃吧！"说着，妈妈把蛋糕给了他一块。

他正准备把蛋糕放到自己嘴里，妈妈赶忙问："刚才妈妈说什么来着？"

孩子拿着蛋糕停在那儿，想了想，把快送到嘴边的蛋糕又递了过来，小声地问："妈妈，你吃不吃？"

见到孩子这样的变化，当妈妈的心里涌动着一股暖流，巴不得让孩子赶紧吃个痛快。可想到要教育孩子，又忍住说："我也想吃啊。不过，妈妈只吃一点。虽然妈妈很喜欢吃，可妈妈疼爱宝宝，省着让宝宝多吃一些。"说罢，母子在一起开心地吃起来。

见这办法不错，这位妈妈随后几天又加强了几次，接着在家人中进行了推广。从此孩子彻底改掉了自私的毛病。

如果能给孩子有技巧地讲道理，在孩子明白道理的基础上纠正孩子的毛病，就能从主观上得到孩子的理解，使孩子愿意与父母配合，这将收到更好更长远的效果。

04

在这里需要给大家特别强调一点：

谦让固然是好品质，但也不要让孩子毫无原则地谦让，家长无原则地教孩子谦让，这时候"谦让"已经不再是一种社交礼仪，而是变成一种不敢与人相争、任人宰割的懦弱行为了。

比如孩子的玩具被邻居小朋友抢走了，父母不但不帮孩子要回来，反而叫孩子让给别人，还美其名曰"谦让""分享"。这就好比你走在大街上被人抢了钱包，你不但不抢回来或者报警，反而将钱包拱手让人，这还是谦让吗？

同样的事情发生在成人身上会觉得荒谬，成人却以种种荒谬的理由来要求孩子！

家长可能会对孩子说："你比邻居弟弟大，你看他都哭了，你让出来吧。"那么孩子就会认为：年龄小的要让，下次遇到年龄比我大的，我也可以蛮不讲理，抢人东西；别人哭了就要让，以后不管遇到什么事，我都哭，哭就可以得到利……

而当孩子做出这些事情的时候，家长们又开始一味地埋怨孩子不讲理，可家长们有没有想过，这些又都是我们暗示给孩子的。

有个朋友曾跟我吐槽，说自己的女儿哪怕在做游戏的时候被别人从背后强横地撞开，她也不会有一丝反抗，而是将位置主动让出去。我问她为什么不懂得保护自己的权益，她说不是你教我要谦让的吗？

在我看来，朋友的初衷也许是好的，但这种谦让足以将孩子毁掉。

我们应该对谦让有个正确的认知，谦让不是理所应当，更不是适应于任何场景，错误的引导会扭曲孩子的人性。

谦让的本质是尊重他人，但尊重他人的前提条件，应该是尊重自己正确的原则。

不分青红皂白的谦让会让孩子产生混乱，不利于建立规则，不利于培养孩子辨别是非的能力，还会让孩子觉得不被尊重、不公正，感到委屈和压抑。今天你强迫他谦让，你传递给他的信息就是他也可以强迫别人谦让。

05

总的来说，我们一定要为孩子培养谦让的品质，但不要教孩子无原则地谦让。下面我们再来说说，培养孩子谦让品质的具体方法。

第一，要注重言传身教。模仿是孩子的天性，家长应该在日常生活中潜移默化地对孩子施以积极的影响。带孩子坐公共汽车时，家长在车上看见年迈的老人和抱小孩子的妇女，便主动起身让座。这虽然是生活中的小事，但在孩子幼小心灵中进一步增强了尊老爱幼和谦让的意识。

第二，在集体中培养孩子的谦让意识。培养孩子的谦让意识，让孩子了解集体与个人的关系，把自己从"我"的概念中解脱出来。应该让孩子从小懂得，大家生活在一起，他需要的别人同样也需要，同样有享受的权利，不能一人独占，要想着别人。例如，吃东西时，让孩子学会愉快地把大的、好的给爷爷奶奶、爸爸妈妈，把小的、不好的留给自己，使他懂得谁最辛苦谁就应该得到更多，自己不是家庭中的"功臣"。

第三，在孩子争辩发生时给予积极疏导。小孩子们一起玩，很容易出现发生争辩的情况，家长不要太大惊小怪，要利用这个事情来引导孩子用自己的能力去解决，增进彼此的交流、理解和协调。让孩子们从良性的争辩中认识到，一个问题有多种解决方法是一件多么美妙的事情。

第四，运用多种手段、途径培养孩子的谦让品行。通过多种手段和途径，使孩子学会"谦让"语言和动作，促进孩子的谦让行为。孩子年龄小，受知识和生活经验的局限，语言发展不成熟，不能完整地表达谦让的意思，他们常常只知道谦让就是好，但是在什么情况下要谦让又不明白。所以，父母应先讲明为什么要谦让，对什么样的事要谦让，然后通过游戏、行动等来创造条件，帮助孩子学会谦让。

在我们生活的世界中，资源确实有限，利益冲突难免会发生。你的孩子先坐上了秋千，我的孩子就只能等在冷风中；你的孩子赢了游戏，我的孩子可能就会被老师忽视……凡此种种，牵动着家长们的神经。客观地看，大人们在意的并不是这些孩子间的小冲突和小争夺，而是担心自己的孩子在竞争中落败，这才是大人紧张的根源。但我们仍然需要培养一个懂得谦让的孩子。

教孩子说"谢谢"，这是一种必须有的态度

01

一个周六的傍晚，放放妈妈和往常一样在厨房忙碌，而放放正在电脑桌前敲打着键盘，玩得不亦乐乎。

忽然，手机铃声大作。放放妈妈正忙着烧菜，就叫放放接电话。放放接起电话，心不在焉地敷衍了几句，便挂

断了电话，他显得很不高兴，嘴里嘀咕着："以后别叫我接电话！这么费劲……"妈妈立刻猜到：是放放奶奶打电话来了。

放放的爷爷奶奶住在外省，由于工作繁忙路途遥远，放放爸妈一年只能回家探亲一次。因此，电话就成了一家人沟通联络的纽带。放放奶奶是一个心思细腻、对小辈呵护备至的人，每个周末，她都要和家里通一次电话。而电话多半是她先打过来——她似乎总等不及孩子们的去电。一周的时间，对于她来说，太长了。每次来电，奶奶都要对放放嘘寒问暖，吃喝拉撒，她样样过问，事事关心。

刚才，一定是放放嫌奶奶太唠叨了。

此时，放放正噘着嘴向书房走去，妈妈走过去拉住了他。

"刚才是谁打的电话？"妈妈压住性子明知故问。

放放很不耐烦："还会有谁？奶奶呗！啰里啰唆，又没有什么事情！"

"奶奶在电话里和你讲什么？"妈妈再一次明知故问。

"还不是每次都一样？什么'早饭一定要吃好！''晚上要早点睡觉！'什么'在学校上课累不累？''放学后打球吗？''长胖点了吗？'……哎呀，真是烦死了，不说了！"放放越说越不耐烦，挣脱妈妈的手朝书房走去。

妈妈看到孩子这样，觉得一定要好好教育孩子。

不懂感激的孩子，他感悟不到别人对自己的好，他因此也无法感受被人关爱的快乐。同时，因为不懂感激，那些曾经关爱他的人也会心生怨气，日渐远去。

孩子如果在待人接物时不能怀有感激之心，那么就无法

156

建立和谐、融洽、温馨的人际关系。

不懂感激的孩子，不会幸福。

02

然而，如放放这样的孩子却并不在少数。现在的孩子很难体会到长辈的爱心，很多父母都在叹息："现在的孩子太少感激之情了，连一句谢谢都不会说。"

那么，爸爸妈妈们是否知道，孩子们为何吝啬说谢谢？

说说我的看法：

第一，家庭原因。孩子不懂礼貌并不是天生的，而是后天养成的。家长有礼貌，家人相互之间讲礼貌，他们再要求孩子讲礼貌，孩子一般都不会很难开口说"谢谢"；如果家长自己平常都不说一些类似"谢谢"的礼貌用语，反而要求孩子要说"谢谢"，这确实有点强人所难。

第二，有些家长对孩子"不道谢"的行为睁一只眼、闭一只眼，认为都是小事儿，没必要较真，孩子就觉得自己的行为没问题，往后的行为可能会变得更出格。

第三，很多家长在教育上都存在一定的误区，比如说，很多父母在引导孩子说谢谢时，都没有告诉孩子原因——为什么要谢谢，所以孩子只是机械地重复家长的语言，不明白其中的意思。

很多父母在孩子说了"谢谢"或者表达过感谢以后，依然重复地让孩子说"谢谢，谢谢"。这样画蛇添足，容易影响孩子对"谢谢"的理解或者引起孩子的逆反。

在地铁上看到过这样一幕：

一位妈妈带着孩子坐地铁，孩子大概三四岁的样子，因为地铁上没有空座，妈妈就带着孩子来到车厢连接处，一手牵着孩子，一手自顾自地刷手机。

这个时候，一位好心的美女站了起来，对那位妈妈说道："姐姐，你带孩子坐这里吧，小心点孩子别摔到。"

这位妈妈一边连连称谢，一边对孩子说："快，谢谢漂亮阿姨，阿姨给你让座位了。"

然而，孩子眨了眨大眼睛，并不吭声，好像没听到一样。

这时妈妈有点尴尬了，连忙推了推孩子，催促道："快点，快跟阿姨说谢谢，你的礼貌呢？快说……"

在妈妈的强行要求下，孩子木讷地说了声："谢谢。"从始至终，头都没抬。

听孩子说了谢谢，妈妈才心满意足地点了点头："小宝，真乖！"

可能很多父母觉得，这位妈妈的做法没什么问题啊。但是我想说，你错了！这位妈妈的做法很有问题。

——父母不应该强行逼迫孩子说谢谢。年龄小的孩子，是非概念不是很清晰，自我意识又占主导位置，他们的很多言行较难控制，这就需要做父母的在这个阶段具备很强的耐心，适时加以引导，孩子才会慢慢改观。

相反，在孩子因为种种原因，不愿意主动说"谢谢"的时候，如果父母强迫他就范，那么孩子给出的就是一个没有感情色彩的反馈动作，他们的内心领悟不到真正的感谢是什么。他们甚至还会因此产生逆反心理和反叛情绪。

这样教孩子说谢谢，真的不如不教。

03

我相信，给予孩子帮助的人，需要的是一份真诚的谢意，而不是标准式的敷衍。

我更相信，每位家长教孩子说谢谢的初衷，是为了让孩子懂得由衷地感谢他人，而不是机械地走完一个看似礼貌的流程。

所以，我们是不是应该反思一下自己平时的做法呢？

暖暖是我一位朋友家的小千金，从小就非常懂事。有次暖暖父母有急事，托我去辅导班接一下暖暖。

辅导班门口，暖暖对着送学生出来的老师深深地鞠了一躬，看着老师认真地说："老师您辛苦了，非常感谢您。"

我看到，那位老师嘴角荡起了微笑，很柔，很真，她甜美地笑着说："不用谢，也谢谢暖暖让老师感到很温暖。"

说实话，我当时很惊讶，这孩子真的太令人刮目相看了！

一般情况下，就算是懂礼貌的孩子，也就是和老师道声谢，说句再见，便和父母一起离开了。像暖暖这样，用这么有仪式感的行为向老师表达谢意，我还是头一次见到。

我决定向孩子取取经，问问她的爸爸妈妈是怎样教她的，留作以后育儿之用。

于是在送暖暖回去的路上我问她："暖暖，你今天向老师表达感谢的方式很特别啊，非常棒！能告诉我你是怎么想到的吗？"

暖暖停下来，抬头看着我的眼睛说："爸爸妈妈告诉我，和别人说话时一定要看着别人的眼睛，这样才表示真诚与尊重。老师教会了我很多破解难题的方法，我很想感谢她，但我觉得只说谢谢，还不足够表达我的感激之情。爸爸说，你可以送给老师一些小礼物；妈妈说，你可以拥抱老师，也可以给老师鞠躬。你喜欢哪种方式就用哪种方式。"

"我送过老师一张自己制作的贺卡，也拥抱过老师，但我觉得还是不够，于是我就想到了鞠躬。"

听完暖暖的话，我对这个孩子更加刮目相看了，我们习以为常的一句简单"谢谢"，都能被这孩子赋予那么多的意义，不用想，这一定和父母平时身体力行潜移默化的引导是分不开的。

那么，回到我们的生活中，我们应该怎样一步一步将真挚的感激之情，植根在孩子心中呢？

给大家提几点建议：

第一，引导孩子由衷地热爱父母、敬爱长辈，喜欢老师和班中的同学。教会他们感激父母和老师们对自己的爱，以及对自己的教育和帮助，并鼓励他们采取一些方法来表达自己的感激之情。比如说，教师节给老师送张贺卡；帮助爸爸妈妈干家务等等。

第二，引导孩子尊重周围的劳动者。让孩子明白，是他们为社会做出的贡献，才使自己拥有了良好的学习和生活环境。千万不要对孩子说，"你不好好学习，长大就像他一样"一类的话，不要让孩子从小就戴着有色眼镜看人。

第三，让孩子多参加集体活动。现在的孩子绝大多数都是独生子女，从小就是衣来伸手、饭来张口，他们已经习惯了爸爸妈妈的照顾，并且觉得这是应该的，凡事以自我为中心，不懂得感激他人。这样的孩子在集体活动中很难和同龄伙伴和睦相处，也不懂得感谢别人为自己做的事。只有在集体活动或交往中碰了几次钉子之后，才会意识到要想到他人、要感谢他人，才能在活动中获得与他人相处的经验。

总而言之，爸爸妈妈有义务也有责任，从小在孩子内心播下"感激"的种子，这样才能让孩子说敬语的习惯像植物一样自然生长。

"谢谢"二字，看似只是个简单的敬语，但其实背后蕴含着最起码的感恩，最基本的是非观念，以及最直白的责任教育。

你这厢有礼，孩子才能知礼懂礼

01

爸爸经常对儿子说的一句口头禅是："顾好自个儿，别的啥都别管。"

有一次，儿子在学校里跟同学打架，挨了老师的批评，爸爸怒不可遏地冲到学校，打了孩子的同学不说，还把老师大骂一顿，最后又与被打同学的父母扭打在一起。

自此以后，孩子在学校里越来越横行霸道、无人敢惹，得了个"小霸王"的称号，而他的爸爸也被冠以"霸王爹"的"美誉"。

还有一次，父子俩在电视里看到一位热心人把一个被车撞倒的老人送到医院，最后却遭老人诬陷的故事，爸爸郑重地教育孩子："看到没有，好事不能做。"

可以预见，在这位父亲的言传身教之下，孩子长大后会成为一个什么样的人。这种缺乏正确是非观念的教子方式是错误的。

但是，父母自身具有正确是非观念就能教出好孩子吗？那也未必，还要看父母以什么样的方式教育孩子。

子女可以从父母的模范行为中受到潜移默化的影响，吸取很多有益的营养。父母毫无疑问地承担着培养孩子道德意识的责任。所有的育儿理论已经说了无数遍：父母实施教育的最有效的做法，就是自己给孩子做个表率。举个例子，如果某父母当着邻居的面大大地夸奖对方的孩子，而回到家关上门就说"这个小孩简直就是傻瓜一个"的时候，你还怎么能够让孩子成为一个品德良好的人呢。

在郑州曾经发生过这样一件事，一个15岁的孩子在郑州机场带着两个陪舞小姐，后被警方带走盘问。原来这孩子的父母从事电脑贸易，家境富裕，但很少过问孩子的学习和生活，孩子就带着15万元现金，周游各地，并叫上这两个小姐。当孩子的母亲到公安局领人时，正气凛然地指责这两个女子败坏社会风气，要求警方严惩这种"非法交易"，但她对孩子几乎没有任何深刻批评，对警方也没有一句感谢的话。

可想而知，这样的父母会养出一个怎样的孩子？

02

孩子拥有超强的模仿力。当然，孩子的模仿力是一把双刃剑，孩子可能会模仿大人好的行为举止，也很可能会模仿大人不好的生活习惯，而决定孩子模仿好坏的还是大人。

所以，我们应该对自己的行为有一定的约束，改掉自己不好的礼数和习惯，只有这样才能够帮助孩子建立良好的内心，让孩子在反复模仿爸爸妈妈行为的同时，使自己成为一个懂礼数的好孩子。

有个七岁的男孩，很调皮。一次，妈妈的朋友来家里玩，因为是夏天，天气比较热，这位女士赶快从冰箱中拿出西瓜招待客人。切开西瓜之后，没想到孩子自己先拿了一块去吃了。因为西瓜切的块儿比较大，孩子不好拿，一不小心掉在了地上，妈妈因为忙着招待朋友，便对孩子说："儿子，将地上的西瓜扔到厨房的垃圾筐里，等会儿妈妈再擦地。"可儿子竟然置若罔闻，转身就去自己房间里玩了。

朋友走后，妈妈觉得儿子当时的表现很不礼貌，不管怎么样，在客人来家中的时候不应该这么无礼。她质问孩子为什么这样不听话，不将掉在地上的东西捡起来。儿子却理直气壮地说："那次在超市，你将超市的衣服弄到了地上，你也没有捡起来！"儿子委屈地继续说，"你能不捡起来，我为什么就不能。还有一次，爸爸带着叔叔来家里吃饭，妈妈先吃的！"

听完儿子的话，妈妈恍然大悟，后悔不已，原来儿子的这些行为都是在模仿自己，原来自己存在这么多的缺点。于是，妈妈没有再责备孩子，而是想到了改变自己。从那之后，妈妈每次都会将掉在地上的东西捡起来。在超市，发现别人将东西弄到了地上，她也会帮着捡起来。

这孩子家住在一栋家属楼里，同楼层住着好几户人家，他们共用着楼道、厕所和厨房，因此打扫公共卫生成了大家份内的事。从那天起，妈妈经常主动地打扫楼道、厨房、厕所的卫生，还特意买了刷子、纸篓等用品，毫无怨言。

有一天，孩子看见妈妈又在打扫公共卫生，就对她说："妈妈，您真傻。自己掏钱买刷子、纸篓，让大家公用，还经常倒纸篓、扫楼道。这些别人都没干，您为什么那么积极呢？"妈妈乘机教育儿子："为大家服务是应该的！"孩子没再说话，可表情还是有些不服气。

有一天晚上，孩子在家里写作业，写着写着钢笔没有墨水了。他在家里找了一会儿，发现墨水已经用完了。此时天色已晚，商店早就关门了，怎么办呢？作业还没写完呢？孩子焦急地望着妈妈，妈妈也感到无可奈何。正好住在隔壁的阿姨来串门，知道孩子要用墨水，就立刻说："墨水用完了吗？哦，不要着急，我家有。"说完，赶忙走了出去，不一会儿，她拿来了一瓶墨水，笑着对他们说："这墨水你们先用着，等我们要用的时候再来拿。"

妈妈认为这是教育孩子的好机会，于是她故意对孩子说："这个阿姨真是太傻了，将墨水送给了别人，她能够得到什么好处呢？"听了妈妈的话，孩子愣住了，似乎一下子明白了一个道理，忙说："妈妈，阿姨是好人，这叫互相帮助。"

妈妈见孩子渐渐明白了其中的道理，非常高兴，又乘机说："孩子，你说得对，许阿姨身体不是很好，而且工作忙，每天早出晚归，非常辛苦；李阿姨家有个 3 岁的孩子，每天都忙得不可开交；赵奶奶年纪大了，儿女都在外地，没人照顾。远亲不如近邻，谁家有难处，我们应该伸出援助之手，尽量帮助他，而不能在一些小事上计较太多。"

听了妈妈的话，孩子惭愧地低下了头，红着脸说："妈妈，我错了，以前太没礼貌，太自私了，请您原谅。我以后一定要多帮助同学，决不让您失望。"

从那以后，孩子真的变了，彬彬有礼不说，还经常帮大家做一些力所能及的事。

对于孩子的教育，很多家长都是摸着石头过河，根本没想那么多，不知道孩子会模仿自己所有的行为，但是当父母无意之间发现自己的孩子没有遵循应有的礼貌的时候，应该明白自己的行为是什么样子的。如果自己存在类似的缺点，那么还是赶快要求自己改正吧。就如这位妈妈一样，看到自己孩子的无礼行为之后，能够通过孩子天生的模仿行为来改变孩子，这是一种很好的办法。

03

俗话说："喊破嗓子，不如做个样子。"这完全可以用来比喻父母对孩子的身教。在这个世界上，孩子通过模仿而学习，他们的第一个模仿对象正是父母。

因此，家长要求孩子相信的，自己必须相信；要求孩子做到的，自己必须身体力行；要求孩子全面发展，自己先要活到老、学到老；要求孩子少年早立志，自己的人生不能没有奋斗目标。

我们很难想象，一位终日喝酒、打牌、"筑方城"的父亲，或一位每天把大量时间花在穿戴打扮、逛商场上的母亲，能给孩子做出勤奋学习的榜样；我们也很难想象，一对连自己父母都不愿赡养的爹妈能教会孩子关心和爱；我们同样很难想象，整天琢磨怎样占人便宜的父母能培养出孩子健全的社会属性……为了孩子检点自己的言行，为了孩子提高自身的修养，为了孩子以更加积极的态度对待生活，为了孩子努力去拓展自己有价值的人生，让孩子在自己身边学会做人，父母必须先修正自身，给孩子一个良好的榜样。

那么在生活中，爸爸妈妈要如何培养孩子懂礼数的习惯呢？在孩子模仿的过程中，又要注意哪些道理呢？

第一，让孩子明白讲礼貌的好处。孩子不明白自己为什么要受那些条条框框的约束，很多孩子会觉得按照大人要求的那样去做是一种折磨，于是会选择随性地去做，根本不在乎礼貌不礼貌。爸爸妈妈应该告诉孩子，怎么做才是礼貌的行为，如何做才会受到别人的喜欢，只有这样孩子才会愿意去模仿爸爸妈妈好的行为和习惯，慢慢养成自己的习惯。

第二，在孩子表现良好的时候，记得夸夸孩子。当孩子按照爸爸妈妈要求去做的时候，记得夸夸孩子，因为不管在什么时候，孩子都需要赞美。当孩子在朋友面前表现得彬彬有礼的时候，家长千万别吝啬自己的夸赞，给孩子几句夸奖的话，让孩子明白他那样做是正确的，这样孩子会很乐意按照爸爸妈妈的要求去做。

第 6 章

如果孩子特别会说话，
他的人缘不会差

孩子不爱说话，不善表达，家长怎么办

01

有个孩子，非常听话，可是有一点，他就是不爱说话。平时，做完作业，他就喜欢读书或者看电视，很少同父母一起交流、谈心。孩子的爸爸妈妈平时也是大忙人，不是很重视孩子这方面的表现。

一天，孩子和爸爸妈妈一起看电视。爸爸和妈妈在讨论哪一个人物形象更好一些，坐在一旁的孩子却一言不发。

妈妈觉得每一个孩子看到动画人物，都会情不自禁地说上几句，爸爸也意识到孩子实在太安静了，家里几乎听不到他的声音，于是问道："儿子，你喜欢哪一个呢？"

孩子见爸爸问自己，想也没想就回答："都差不多。"

妈妈接着引导："我喜欢小熊猫。你觉得怎么样呢？"

孩子说："嗯，可以。"

爸爸和妈妈互视一眼，暗中摇了摇头。

后来，家长从孩子的老师、同学那里得知，这孩子碰到说话、发言的事情就往后躲，上课回答老师问题从不举手，偶尔被老师提问到，他便会满脸通红、吭哧吭哧地说不出话来。

在现代社会，随着经济的迅猛发展，人与人之间的交往日益频繁，语言表达能力的重要性也日益增强，好口才越来越被认为是现代人必须具备的生存能力。

生在这个时代的孩子，长大以后，不仅要有新的思想和见解，还要在别人面前很好地表达出来；不仅要用自己的行为对社会做贡献，还要用自己的语言去感染、说服别人。

就职业而言，现代社会从事各行各业的人都需要口才：对政治家和外交家来说，口齿伶俐、能言善辩是基本的素质；商业工作者推销商品、招徕顾客，企业家经营管理企业，这都需要口才。

在人们的日常交往中，具有口才天赋的人能把平淡的话题讲得非常吸引人，而不善表达的人，就算他讲的话题内容很好，人们听起来也是索然无味。有些建议，口才好的人一说就通过了，而不善表达的人，即使说很多次可能都无法获得通过。

所以可以断言，**语言能力是孩子提高素质、开发潜力的主要途径，是孩子将来驾驭人生、改造生活、追求事业成功的无价之宝，是孩子通往成功之路的必要途径。**

02

中央电视台"东方时空"栏目曾经做过一个"杨利伟怎样成为我国进入太空第一人"的节目，被采访的航天局领导说了杨利伟入选的三个原因：

一是杨利伟在五年多的集训期间，训练成绩一直名列前茅；

二是杨利伟处理突发事件的能力特别强，在担任歼击机飞行员时，多次化解飞行险情；

三是杨利伟的心理素质好，口头表达能力强，说话有条理、有分寸。

就是凭借着以上三个优势，杨利伟最终通过了"1600人——300人——14人——3人"的淘汰考验。

航天局领导还透露了这样一个细节：确定首飞候选人时，实际上，三个人各方面都十分优秀，难分高下，但考虑到我国第一个进入太空的宇航员，将要面对全世界的瞩目、接受新闻媒体的采访，还将进行巡回演讲，所以最后才决定让口才好的杨利伟进行首飞。

节目中还介绍：杨利伟认为航天无小事，所以不管做什么事情，都尽自己的最大努力做好。学技术、学政治是如此，训练后的总结会、训练小结也是如此。在总结会上，杨利伟总是准备充分、积极发言，发言条理清晰、逻辑性强，从容不迫，给领导留下了深刻的印象。所以，当口头表达能力作为选择的一个重要条件时，命运的天平就偏向了拥有良好语言表达能力的杨利伟。

拥有良好谈吐的孩子，长大以后，无论走到哪里都会受到重视，比一般人拥有更多、更好的发展机会。

美国人类行为科学研究者汤姆士指出："成名是说话能力的结晶。说话能力能使人显赫，鹤立鸡群；能言善辩的人，往往受人尊敬、爱戴和拥护。它使一个人的才学充分扩展，熠熠生辉，事半功倍，业绩卓著。"他甚至断言："发生在成功人物身上的奇迹，一半是由口才创造的。"

03

那么问题来了，如果你的孩子就是不爱说话，不善于表达，你该怎么办？

请注意！婴幼儿期是语言能力发展的关键期，尽早使孩子学会语言、学好语言，是发展智力，发展口头、书面表达能力，理解知识能力的前提。语言能力的培养要从"呀呀"学语阶段开始，贯穿整个孩童期。父母的责任不可谓不大。

第一，父母要学会倾听，满足孩子说话的欲望。一般情况下，孩子回到家里见到父母通常会把发生在自己身边有趣、稀奇的事情说给他们听。这时父母应认真倾听孩子的讲述，并要用一些神态、身体语言让孩子感觉到正听得很投入。如果父母正忙着没时间听，要态度温和地跟孩子商量："你看，爸爸（妈妈）正忙着呢！等会儿我坐下来仔细听，好吗？"因为孩子在讲话前总是一腔热情，这样一说，孩子就不会感觉很失望。

第二，父母还要学会引导、激发孩子的说话欲望。那些性格内向的孩子常常喜欢独自一人玩耍，默默地做事，父母对待这样的孩子要千方百计地引导他说话，把他说话的欲望给激发出来。比如，问孩子一些问题，尽量避免问那些只需要孩子点头说"是"或摇头说"不是""有"或"没有"这一类问题。可以问他一些学校里的情况，比如"老师是怎样夸奖你的？""班里和你最要好的同学都有谁？"

第三，父母要学会指导、帮助孩子把话说得完整、准确。孩子说话时可能会出现用词不当、前言不搭后语等现象，父母在倾听的过程中，要随时帮助他选用正确的词汇，要求孩子有准备地搭配语言，让孩子把话讲完整，教孩子把想讲的话联系起来思考后再讲出来。长期下来，孩子语言的准确性就会不断提高。

第四，父母要注意提高孩子的思辨能力。由于孩子的知识面较窄，接触外界的机会相对要少，辨别能力比较低，所以，他们说的话常会与客观事实不符。父母在倾听的过程中，应注意把握孩子的说话内容，并作出肯定，给予正确的判断。在父母与孩子共同的评析过程中，孩子思想的准确性、深刻性会变得更好。

其实孩子爱不爱说话，主要跟环境有关，家里人多说话交流，孩子的语言能力也会增强。

所以不管你有多忙，都要抽出一些时间和孩子交流。

如果有条件，常带孩子出去走走，让他多见见人，多见见世面，多与陌生人交流。哪怕孩子说得不好，也要鼓励他。

教孩子选择性说话，治疗孩子的口不择言

01

先讲个小笑话：

有一个人请客，四位客人有三位先到。

这人等得焦急，自言自语道："哎！该来的还没来。"

客人甲听了，心中非常不快："这么说，我就是不该来的来了？"说完就告辞走了。

主人急了，说："不该走的又走了！"

另一客人也不高兴了："难道我就是那该走又赖着不走的？"一生气，站起身也走了。

主人苦笑着对剩下的一位客人说："他们误会了，其实我不是说他们……"

话未完，最后一位客人也走了。

不重视说话的人常不带着脑子说话，往往得罪了人自己还不知道。

在社交场合，语言是最简便、快捷、廉价的传递信息手段。

一个说话得体、有礼貌的人总是受欢迎的；相反，一个说话张狂无礼的人总是受人鄙视的。

一个善于讲话的人，通过出色的语言表达，可以使人对他产生好感，可以与他人友好相处；而一个不善于表达的人，往往会因自己与他人的沟通达不到效果而活成一座孤岛。

相对于孩子来说，"童言无忌"是很多家长默许的潜规则，认为不管孩子说什么，大人都不该往心里去，更不要过多地去要求孩子。

实际上，问题并没有那么简单，如果家长总是以这种心情和态度来教育孩子，那么最终会导致孩子认为，不管自己做什么事情、说什么话都是对的，因此可能会说出更多很不契合场合的话。

02

我们再来看看网友"原地转圈圈"的尴尬。

"原地转圈圈"愁眉苦脸，回忆起了从前：

我儿子四岁那年，回娘家过年，傍晚我爸站在院墙上准备放鞭炮，我儿子小碎步跑了过去，说姥爷你一定要小心啊！

我爸欣慰一笑，这外孙真懂事！我儿子紧跟了一句："可别掉下来摔死了！"

当时我就看我爸一脸黑线地愣了几秒，最后还是勉强笑了笑说："姥爷知道了……"

你们能想到当时我的尴尬吗？感觉差一点就当场石化了，我看到我爸向我射过来的冷冷的眼神，都准备跪了好吗！

时间过得真快，转眼来到了第二年。我家开始做餐饮生意，有个骑手长得比较瘦小，人家一来，我儿子就问："叔叔你怎么这么矮？为什么别的骑手都那么高大？"

当时人家就不愉快了，黑着脸但仍好语气地问我儿子："你为什么问这个？是不是你妈妈教你的啊？"

你们知道当时我有多强烈的欲望想要揍死这熊孩子吗？

好吧，让我们一起同情"原地转圈圈"一下。

当然，这种事情我们不能完全怪孩子。

其实很多时候，孩子并不知道哪些话该说，哪些话不该说，他们只是想到了什么就说什么。

但他们有父母啊！

父母需要让孩子从小注意自己的言语，教会孩子好好说话。让孩子知道，自己所想的是什么，自己所说的是什么，自己说什么会引起别人的不愉快，而不是让孩子以为，自己说什么都没有关系。

03

我认识一位妈妈，在这方面就做得很好，把她的经验给大家分享一下：

这位妈妈曾有一段时间非常苦恼，因为她的儿子说话不知轻重，而且越说越不靠谱。

一次，妈妈带孩子去逛街，中途遇到一位同事。同事也带着自己的孩子。

两个大人站在步行街上攀谈，两个孩子则在一边玩耍。没一会儿，同事家孩子就哭了起来，这位妈妈知道一定是自己的儿子闯祸了，急忙走了过去。同事也亦步亦趋，对方看到自己的孩子没有任何受伤的地方，判断是两个小孩拌嘴吵架，连声说没事，可能孩子想要回家了，说完便哄着女儿走了。

这位妈妈和儿子回家以后，询问孩子，那个小妹妹为什么会哭。儿子告诉她："我想玩她的玩具，可她不给我。我就说她小气鬼，丑八怪，塌鼻梁，皮肤黄得像米糠，她就哭了。"

妈妈看到儿子自鸣得意的样子，眉头深深皱了起来。

这位妈妈思索了一会儿，说："儿子，妈妈给你讲个故事吧。"

小孩子知道有故事听，自然很是高兴。这位妈妈讲道：

"从前，有一只小公鸡和一只小鸭子，小公鸡总是欺负小鸭子。有一次，小公鸡对鸭子说：'你赶快把主人给你的食物给我拿出来，不然我就天天打鸣，不让你睡觉。'小鸭子每天都受到小公鸡的威胁，只好把吃的让给小公鸡，自己去河里捉鱼吃。

"但是没想到，小公鸡还是不罢休，追着小鸭子欺负。它看到小鸭子逮到了小鱼，便对小鸭子说：'我也要吃鱼，把鱼给我，不然我就晚上打鸣，不让你睡觉。'小鸭子很生气，说：'你为什么要抢我的食物，你明明知道自己吃不了鱼。'小公鸡说：'谁让主人那么偏心，明明你有鱼吃，还要给你那么多的食物，而我每次只有你一半的食物吃。我不喜欢主人，也不喜欢你。'第二天，小鸭子就将这些话告诉了主人，主人很生气，便直接将小公鸡送人了。"

孩子听完妈妈的故事，说道："小公鸡真讨厌，老欺负小鸭子，把它送人也是应该的。"

此时妈妈开始引导："小公鸡之所以被送人，关键不是因为它欺负小鸭子，而是因为它说了不该说的话，你说对不对？"

孩子似懂非懂地点了点头，妈妈接着说："所以说啊，儿子，以后你要是不注意说话，那么很可能会得罪别人，得不到别人的喜欢。所以以后不要乱说话，有些话不能瞎说，你明白吗？"

孩子似乎明白了妈妈的意思，他又点了点头，从那之后，他说话总是很注意。

孩子有时口出恶言，但他可能并无恶意，他只是不思

所语。

你需要让孩子知道什么话该说，什么话不该说。只有当他明白这一点的时候，他才会去注意。

04

很显然，这位妈妈的方法很值得我们借鉴，不过我们在借助故事引导孩子的时候，有以下几点一定要注意：

第一，故事一定要简单易懂。孩子的思维还没有那么成熟，所以说爸爸妈妈在选择故事的时候，一定要选择那些比较简单通俗的，这样孩子听起来才毫不费力。如果故事过于复杂，孩子很可能会不知道你在讲什么。

第二，在孩子不明白故事的时候，一定要进行讲解。如果我们所讲的故事含义不是那么直观，一定要慢慢地给孩子耐心讲解，不要让孩子为了听故事而听故事，让孩子明白其中的道理才是最重要的。当然，在讲解的过程中，一定要考虑到孩子的思想和感受。

第三，亲身示范。要想教导孩子好好说话，就要身体力行，让孩子从你身上看到哪些话不能说，哪些话可以说，这是很好的教授方法。

第四，慢慢来，这不是两三天的事情。说话本身就是一门很深奥的学问，别说是孩子，很多大人还无法很好地掌握说话的技巧，所以说对于孩子这方面的教育，家长们一定不要操之过急，要学会牵着"小蜗牛"，慢慢地向前走，不要期望一两天之内孩子就精通社交辞令，那是不可能的事。

最后要嘱咐各位家长一句，当孩子做得很好的时候，一定要夸奖孩子，让孩子明白自己这样做是对的，自己说的话是应该说的，这是帮助孩子学会"选择性"讲话的好方法。

孩子一张嘴就吐芬芳，这还不是你教的吗

01

咕噜小时候很可爱，见到别人就卖萌讨笑，现在已经7岁了，上了小学。

按理说，孩子本来就懂事，再加上校园教育，应该更懂礼貌才对。可谁也没想到，孩子突然就脏话连篇了，像什么"大傻瓜，跪着爬""翻滚吧，龟宝宝""你怎么还不去死啊"一类的话，张嘴就来。

有一次，咕噜妈妈带他去朋友家，阿姨拿出一个拼图给他玩，还逗他说："拼图这么好玩，带着小弟弟一起玩好不好？"

没想到咕噜回了句："我才不和笨蛋一起玩耍呢！能让他滚远点吗？"咕噜妈妈瞬间石化，无比尴尬，心说这熊孩子怎么突然就变成这样了呢？

尴尬还没有结束。

几天后，家里来了朋友，咕噜爸妈陪客人喝茶聊天，咕噜就在旁边玩玩具。

客人给咕噜递了一个削好的苹果，咕噜非但不领情，还

一脸嫌弃地说："你吃个大头鬼啊！看你穿得那么脏！"

几个大人本来愉快地交谈着，咕噜一句话，瞬间冷场了，没多久客人就找个借口尴尬地离开了。

咕噜爸爸气炸了，没想到这熊孩子越来越不像话，不由分说把他打了一顿。

可咕噜的嘴越来越像个机关枪，有过之而无不及地"出口成脏"。

孩子突然"出口成脏"，你该怎么办？

如果我们暴跳如雷，对孩子大打出手，那我们就先败了阵。

事实上，暴力制止只会更加刺激孩子，就像禁果效应——越是被禁止的东西，人们越想要尝试。

孩子说脏话，你越是厉声责骂、拳脚相加，越会激起他的好奇心和叛逆心理，他不仅不会听话，反而会把说脏话当成一种乐趣。

所以当孩子说脏话时，我们不要反应过度，我们需要有严肃的态度，但不要有夸张的行为。

02

我还见过一些家长，在管教自己孩子的时候，动辄打骂，"出口成脏"，严重污染了家庭语言环境。但他们却以为，自己的这种态度，恰恰能体现自己的地位与权威，于是乐此不疲，各种不雅的词汇成了口头禅。

然而这些家长，又特别喜欢对孩子强调"文明、礼貌"。心口不一、不能以身作则，这样的家长能够教育好自己的孩子吗？

这天，郑露妈妈去奶奶家接她回家。刚走到奶奶家楼下，就看见郑露站在一群小朋友的中间，并指着一个小朋友，厉声说道："你怎么这么笨！连这么简单的动作都不会，真不知道你妈妈是怎么把你养大的！"

那孩子听完之后，"哇"的一声就哭了起来。不过，郑露并没有停下来，继续骂道："哭什么哭！没种的东西，有本事你和我打一架！"

看到孩子这个样子，郑露妈妈这个气啊，赶紧走过去批评："小丫头片子，谁教会你说脏话了！你看我不把你屁股打开花！"

谁知道，郑露毫无惧色，一步上前，更加大声地说："妈妈不讲道理！凭什么你能说，我就不能说！你什么样我就什么样，我不喜欢妈妈，妈妈是个废物！"

郑露的话，让妈妈愣住了。她没想到，自己在孩子的心里是这个样子；她更没想到，孩子竟然对自己有这么大的敌意！

郑露的这个样子，一定会让妈妈伤心无比，毕竟这是她的母亲，不是她的敌人。可是，孩子为什么会变成这个样子？妈妈还是要从自己的身上找问题。

如果父母的行为不改变，那么孩子也会见样学样，以此来对抗父母的教育。

正因为如此，有的父母才会发现，孩子在与自己交谈时，总会不时蹦出一两个脏字，同时也表现出了不服、轻蔑之意。孩子在心里会这样对自己说："凭什么我不能说脏话？大人有这个权利，我为什么不能有？爸妈怎么对我，我就怎么对他们！"

我们可以想象一下，听着父母对"文明、礼貌"的强调，却又要承受一系列不堪入耳的脏话，孩子心里会怎么想？

——"哼，难道这就是我的爸妈？他们真是两面派！"

无形之中，孩子就会对父母的教育产生抵制。在他的眼中，父母毫无威信可言，接受父母的教育也成了无稽之谈。

03

那么，孩子说脏话，父母到底应该怎么办？

首先，端正自己的态度。不要孩子一说脏话就上升到道德高度去指责孩子。

在孩子还不会说话的时候，他们的激烈情绪会通过激烈行为表达，诸如大哭、抓人、咬人等等；而当他们学会说话以后，他们有时会通过说脏话来表达自己的不满、愤怒，或者是亢奋，但本质上，他们只是想得到更多的关注和尊重。

所以当你的孩子突然说脏话时，你是不是应该反思一下，自己到底有没有忽略孩子，才会使孩子以这种方式来表达抗议。

另一方面，孩子说脏话，从某种意义上说，也是对语言的一种学习，他们或许知道这是脏话，但往往不懂脏话为什么是禁忌语，这需要家长慢慢教导，让他们逐渐了解，为什么脏话触犯了社会忌讳。

第二，改掉自己的坏习惯！有些父母的坏习惯并非短期养成，在孩子出生之前早已有之。也许这种习惯很难改正，但是为了孩子的健康成长，就要下决心改掉自己身上的那些臭毛病，以防"遗传"给自己的下一代。

如果父母感觉强行戒除的确有困难，那么不妨求助于相关专家。例如，你有骂人的习惯，那么可以报名参加礼仪培训班，在文明的环境中扭转自己的行为；如果有晚上睡不着、彻夜玩牌的习惯，那么可以寻求医生的建议，在药物治疗与心理治疗的帮助下，改变自己的生活习惯。

第三，告诉孩子说脏话为什么不对。当孩子说脏话时，首先，父母应当严肃地告诉孩子："大多数人都不喜欢听到那些脏话，我也不希望你说那样的话。"

如果孩子受自己的影响，已经养成了说脏话的毛病，那么，父母就应当告诉他："这句话是骂人的话，不好听，宝宝不学。"把不文明的行为消灭在萌芽状态中。

此外，父母可以多带着孩子参加群体活动，让他明白说脏话的不好。

第四，郑重地向孩子道歉。大人的脏话，有时候属于口误或不由自主，例如在教育孩子时，突然有些急躁才脱口而出。这个时候，父母不要转移话题，更不要想方设法地掩盖，而是应当诚恳地说声："对不起。"

然后，跟孩子去解释自己刚才的行为，并对自己的做法感到懊悔。这样，孩子既能明白说脏话不好的道理，又能感受到父母的真诚，对父母的好感自然能大大提升，也愿意听从父母的批评。

命令式的语气，小伙伴们会很介意

01

孩子小的时候，父母因为工作忙，曾把他放到姥姥家寄养过一段时间。

姥姥十分宠爱这个外孙，外孙的大事小事老人家都一手包办。孩子在姥姥的照顾下，过得非常惬意舒适。

但有一件事，让孩子的父母皱起了眉头。

那天，小两口回到老人家里看孩子，发现孩子竟然对姥姥呼来喝去，颐指气使：

"姥姥，赶紧把我的鞋拿过来！"

"姥姥，给我爸爸妈妈泡点茶，要放冰糖，放菊花。"

"姥姥，让你拿个玩具怎么这么久？慢死了！"

孩子爸看到这种情况心头火气，严厉批评了孩子，没想到孩子脖子一梗："我又没要你拿，管得着吗！"

爸爸气得要孩子罚站，姥姥赶紧拦着："他才多大点啊！"

但是，一个孩子，如果总是习惯命令别人，对别人指手画脚、颐指气使，那绝不是什么好事情。

这样的孩子往往都没有什么好人缘。

不为别的，就因为，没有人喜欢被命令！

你可以换位思考一下：你正在公交车里抓着吊环。旁边的人突然跟你说："把架子上的东西给我拿下来！"你有没有想打他一顿的冲动？

有些孩子就是这样，经常用命令的口气同别人说话。比如命令父母说："把鞋给我拿来。"命令别的小朋友："过来帮我！"有时甚至命令客人："给我倒杯水！"

你说，这样的孩子会招人喜欢吗？

02

孩子放肆无礼，对别人呼来喝去，家长心里自然也急。可是我们有没有想过，孩子为什么会养成这种糟糕的说话习惯？

其实主要还是家庭原因。

比如上文中咱们说到的孩子，这个孩子就是被姥姥给"惯坏了"。

如果父母长辈在家庭中持续给孩子一种特殊地位，孩子就会觉得自己高高在上，在家中对父母长辈呼喝惯了的孩子，你觉得他到了外面就能一下子改掉这个毛病吗？

另外还有一种情况：孩子是从父母那里学到了命令别人的"本领"。

有些父母总是不懂自律，认为在家里面不用客气，因此在家庭成员之间常常用命令的口气讲话，有的父母常在孩子面前命令保姆等。这些都给孩子造成不良影响，教孩子学会了命令人。在这种孩子的心目中，自己就是中心，因此从来不会站在别人的角度想问题。

邻居家孩子琼芳是个很漂亮的女孩，但她有一个很不好的习惯，没错，就是喜欢命令别人。

就因为这个原因，小区里的大多数孩子都不喜欢和她一起玩。

其实琼芳的爸爸也是这样，或许是在单位里当领导久了，养成了职业病，与人交往总有一种高高在上的气势。

我曾不止一次见过他在小区里呵斥孩子："臭丫头，去给我买瓶水""臭丫头，立刻马上给我回家吃饭！"

现在琼芳也时常用这种口吻说话，但她父母并不觉得有什么问题。

可是，真的没什么吗？

肯定有！而且对孩子的影响非常大。

03

父母如果总是以命令式口吻和孩子说话，胆子小、服从性强的孩子可能会变得越来越没有主见。

在孩子的成长过程中，他们遇到的事情本应该由自己思考、判断，进行选择，而家长却在命令的同时替他们做出了选择。时间一久，被动选择就成了孩子的一种习性，从此他们懒得思考，思想完全依附父母，变得毫无主见可言。

还有一些孩子，则会因此变得逆来顺受。

另外，还有这样一种情况，就是孩子会像他的家长一样，将命令别人当成一种习惯。

然而，无论孩子是变得毫无主见、逆来顺受，还是颐指气使，对孩子的人际交往都没有什么好处。

无论孩子是变得内向没主见还是强势地命令别人，都会影响到孩子的人际交往。如果孩子没什么主见时，那他就会随大流，朋友自然不会多。如果孩子总是去命令别人，那其他人也不会愿意去听他的话，那么朋友就会比较少。所以家长命令孩子，其实会对孩子产生不好的影响。

要改变孩子的这种不良习气，父母确实需要花些力气。

第一，要改正孩子命令别人的不良习惯，父母首先要树立榜样，从自己做起，在家里创造出一种民主、礼貌、和谐的气氛。

第二，当孩子命令别人的时候，父母可以这样告诉孩子："人和人都是平等的，请别人帮忙应该有礼貌，别人才愿意帮助你。说话像下命令，别人就会讨厌你，不愿意帮助你。"

第三，在日常生活中，父母应对此比较敏感，经常注意纠正孩子命令式的讲话语气。如果孩子用命令的口气说话，父母应该立刻制止，直到孩子改变语气为止。

第 7 章

帮孩子把那些社交事故，
变成美丽的友情故事

别让自己成为孩子社交事故的主导者

01

女儿已经很久没和妈妈正式讲话了，十二岁的她决定用"冷战"向妈妈宣示自己的社交主权，并表达强烈抗议。

半个月前，妈妈给女儿的朋友张曦打了一个电话，很明白地表示，希望对方以后不要和自己的孩子一起玩耍。因为怕影响孩子的学习。

张曦的学习成绩一般，还有点贪玩。不过她自尊心很强，一口答应从此老死也不来往。

女儿那天放学回家和妈妈大吵了一架，然后便把自己关在房中，她现在真的挺恨妈妈的。

张曦是女儿最谈得来的朋友，她们性格相投，彼此信任，知无不言，言无不尽。

张曦虽然学习不好，家境也不好，但女儿并不计较，她觉得张曦真诚仗义，善良大方，善解人意，这个朋友值得用一辈子去结交。

但妈妈并不这样认为，她表示：

第一：张曦学习不好，这表示她不求上进，近朱者赤近墨者黑，你的成绩一定会受到她的拖累！你应该和那些学习好的孩子打成一片！

第二，张曦家境不好，这表示她资源有限，对你将来帮助也有限，基本属于无用社交，你应该多和袁区长的闺女袁华一起玩耍，虽然她脾气不好，但你可以忍着啊。

女儿听了妈妈的分析，内心忍不住一阵鄙夷：成年人的世界我不想懂，我只想和自己的朋友一起成长在风雨中！

于是，就出现了开头的那一幕……

不少家长都存在这样一个问题：他们出于对孩子的关心，所以非常注重孩子与什么人交往，生怕那些"坏孩子"将自己的孩子带坏，于是孩子交什么朋友，全由自己说了算。

这是一个很普遍的问题，它的初衷没有问题，但方式很有问题。

02

诚然，我们都已为人父母，这种心情可以理解，事实也的确如此，朋友的质量对于孩子的影响，确实大得吓人，但一定要强硬干涉、霸道控制吗？

孩子 7 岁的时候，有一段时间，经常和我们小区一个孩子在一起玩耍。

那孩子有个不太好的习惯，就是去别人家做客时，喜欢自来熟地乱翻别人家冰箱，找零食。有一次我从小区广场路过，恰巧看到他和一群小孩在玩耍，嘴里时不时地蹦出几句脏话。

说实话，当时我也矛盾——要不要禁绝他们之间的来往？我确实想过，但我又怕伤害孩子的社交天性。

然而没过多久，孩子自己跟我说，他不想和那个孩子再做朋友了。我很诧异，忙问他为什么。

他告诉我："他总是不经过我允许就动我东西，而且他说话不好听！"

大家看，孩子其实是有自己的判断力的。

孩子结交朋友，其实有他们自己的标准，我们应该尽可能地给予尊重，强行将孩子与他的好朋友拆开，不仅会伤害到他的朋友，更会伤害到你的孩子。

有一次听一个小朋友抱怨，说他妈妈太过分了，让他在小伙伴面前毫无颜面，现在大家都排挤他，以后谁还跟他玩啊！

原来事情是这样的。孩子的好朋友星期天过生日，他和同学约好要去为小伙伴庆生，本来妈妈也是同意的。结果，后来妈妈听说有一个成绩很糟糕的"差等生"也会一同前去，就非找借口说星期天要带他去看姥姥，坚决阻止孩子去赴约。

孩子当时也很恼火，大声指责妈妈让他失信于人，会让小伙伴们看不起自己，远离自己。但妈妈不以为然，觉得小孩子之间都是小事，孩子被"差等生"带坏才是大事。

更可怕的是，这位妈妈后来跟其他家长聊天，不小心说漏了嘴，后来所有同学都知道了他没有赴约的原因。而那个"差等生"，只是学习成绩差了点，其他方面表现都不错，在小伙伴之中人缘也很好，孩子就这样被很多小朋友孤立了。

在孩子小的时候，他很需要玩伴，很需要积累交友的经验。

让孩子学会与不同的人相处，这种经验也是极为难得的。作为父母，我们需要做的是，帮他营造更好的交友环境，让他多交几个朋友，而不是硬生生截断他积累更多交友经验的机会。

其实，友谊的意义是广泛的，我们不能单纯以家庭背景、学习成绩等为标准，去决定孩子的朋友是否可以结交。

即便孩子的朋友有那么一些缺点，孩子跟着"学了一些坏习惯"，也不必大惊失色，不由分说硬拆散，我们可以跟孩子探讨、分析，适当地跟孩子表明自己的看法，排除对孩子的不良影响。

03

在我看来，与其把"罪过"推到"坏孩子"身上，一味地将孩子与负面的人或事隔离开来，不如教会孩子如何辨别负面的东西，不如帮助孩子建立清晰的规则和界限，让孩子得到有益的交友的态度和方式。

其实孩子在较小的时候，真正意义上的同伴交往和相互影响是很少的；等孩子长大以后，事实上，他本身也有了一定的认知能力，有了自己的想法和行为倾向，并不会完全简单地模仿别人的一切。

从这一点上说，我们从小就给孩子有效地立规矩，同时建立和谐美好的亲子关系，才是预防孩子"行为出格"的根本所在。

第一，即使我们发现孩子的朋友"有点坏"，也不要完全抱着"那个孩子不好，我要让我的孩子和他断绝交往"的想法。

第二，既然孩子认可这个朋友，自然有他的原因，我们不妨听听孩子的想法。也许，是你的片面印象令你产生了偏见。也许，你所看到的只是"偶然事件"，而且，每个孩子都有自己的优点和缺点。

第三，不要在孩子面前随意否定他的朋友，说别人是"坏孩子"，这样会伤害孩子的心灵，让他从小对人产生"另眼相看"的不良习惯。这样一来，孩子在成长过程中，会失去很多交友的机会。

第四，如果孩子身边的伙伴表现出了"不好"的行为，我们可以跟孩子分析伙伴的"不良行为"，并鼓励孩子用自己的正面行动去影响对方。孩子不但可以在这个过程中以身作则，进一步规范自己的行为准则，同时也增强了他在小伙伴中的影响力。

孩子的社交是一个学习和历练的过程，孩子只有同不同的伙伴进行交往，才能掌握更多的社交技能，才能拥有更好的包容性，才能够学会换位思考、理解和体谅别人的心理状态，才能够练就丰富的领导和组织才能。

所以，当我们的孩子自主交友时，我们还是尽量不要干涉，多引导，少限定。

不尊重孩子的朋友，后果是很严重的

01

小静的小闺蜜媛媛经常来小静家里玩。可是每次媛媛走后，原本整洁干净的家都会变得十分凌乱，零食、玩具被扔得满地都是。

有一次，小静妈妈忍无可忍，十分严厉地对小静说："以后不要带媛媛来家里玩，你看她把咱家弄得多乱！这种孩子真招人烦！"小静听了妈妈的话非常不高兴，梗着小脑袋对妈妈说："我不允许你说我朋友坏话！"说完，气呼呼地回自己房间去了。

过了几天，媛媛又来找小静玩，小静妈妈一脸厌恶地将媛媛挡在门外，坚决不允许媛媛进门。媛媛委屈巴巴眼含泪花地走了，打这以后再也不认小静这个朋友了。

小静为了这件事哭了好多次，已经很长时间没有和妈妈说话了。

在很多家庭中，都有这样一条不公平的规定：大人可以随便往家带朋友，而孩子则不被允许这样做。家长们认为，孩子带朋友到家里会把家弄乱，好麻烦，所以，孩子的这一权力硬是被生生剥夺了。

的确，孩子的小伙伴来家里玩，真心会带来一些麻烦，他们活泼有余，责任心不足，常常会把房间弄得乱糟糟的。有时还会打碎东西什么的。但即便如此，我们也不应该严令禁止。

孩子将朋友领到家里是一种能力，在家里他可以唱主角，心里面有说不尽的满足感。若父母禁止他们和朋友、同学自由来往，友好相处，久而久之，孩子会越来越不合群，越来越孤僻。不合群的孩子有着很多困惑和迷惘，时常陷入孤独，容易产生自卑和自负心理……

而这一切，仅仅是因为你没有尊重他的朋友造成的！

02

谢尔顿是美剧《小谢尔顿》里的男主角，他有一个特点，就是没朋友，也许他并不害怕孤独。但美丽的谢尔顿妈妈却为孩子的孤僻担心不已，她一直努力尝试让谢尔顿起码能拥有一个朋友。

妈妈最初希望谢尔顿哥哥能和谢尔顿坐在一起吃饭，然而，不仅哥哥做出了无情的拒绝，谢尔顿姐姐还在一旁疯狂吐槽，说自己就是因为曾和谢尔顿同班学习，才导致人气急剧下滑的。

妈妈觉得姐姐太不懂事了，于是严厉批评了她。姐姐觉得妈妈的批评好像挺有道理，便帮着妈妈鼓励弟弟去交朋友。

在经历了无数次交友失败以后，谢尔顿终于找到了一个真正的朋友，他忙将这个消息告诉妈妈。妈妈非常开心，诚意满满地邀请儿子的朋友来家里吃饭，不仅盛装打扮，还特别友善。

谢尔顿为拥有这样的母亲感到非常自豪，他告诉妈妈，自己愿意交朋友其实也是希望她开心，因为妈妈是一个非常棒的人。

这看似很小的一件事，却体现了家庭的修养和教育的差别。真正懂教育的父母，会尊重孩子的朋友，尊重孩子的交友选择，他们不会把谁谁谁硬推给孩子做朋友，但会帮助孩子融入人群，不受冷落，不受孤独之苦。

其实，尊重孩子的朋友，也是一种对孩子尊重性的教育。

03

有个女人离异以后一直以做家政工为生，她一个人养大三个孩子，三个孩子都进了国内顶尖学府，本硕博连读，工作成绩也非常突出。

有人向她请教如何教育孩子，她说："我一个劳动妇女哪懂得什么教育方法，我只是善待孩子的朋友。"

据说这是一个真实故事，是孩子的老师讲给他们听的。老师说，这三个孩子之所以那么优秀，一定与他们的母亲懂得尊重孩子的朋友有关系。

我问孩子："娃，你怎么看？"

孩子说："我觉得我们老师讲得有道理。打比方说，我的朋友来家里，如果妈妈爸爸能够真诚地尊重他们，我会很开心，会觉得好光荣，也会很感谢你们，当然就愿意听你们话了，好好表现让你们开心。"

父母如果愿意尊重孩子，那么就请尊重孩子的朋友。孩子会在我们的尊重中感到欣慰和满足，同时，他也会因此得到小伙伴的接纳和肯定。而如果你伤害他的朋友，孩子心里一定会留下伤痕和阴影，同时，他也会被朋友们所不容，遭到嘲笑、冷落和排挤。

所以，请务必尊重孩子以及孩子的朋友。

第一，尽量不要在孩子面前说他朋友坏话

"这孩子太没家教了！"你当着孩子这样说，即便你说的是事实，孩子心里也不会舒服，因为你在辱骂他的朋友，批评他交友的眼光，孩子心里只会产生尴尬、不满等负面情绪。这时的你在孩子眼里，可能是不近人情，也可能是不讲道德，这种情绪在影响着你们的亲子关系。

另一方面，你对别人的苛刻，很可能潜移默化中会促成孩子极度挑剔的性格。而一个极度挑剔的人，他满眼都是别人的缺点，他不仅本身孤僻不爱交朋友，别人也是不愿意和他交朋友的。

第二，如果缺点必须指出，请在背后婉转地说

没有人是完美的，孩子因为各种各样的原因也可能存在这样那样的问题。如果你发现孩子朋友的某些缺点对孩子影响不好，请在与孩子单独相处的时候婉转地向孩子指出。

比如你可以这样对孩子说："小明聪明、勤奋又阳光，是

个很不错的孩子，但他有时会说脏话，这个习惯不太好，说脏话会显得自己素养不高，也容易让别人产生反感，作为朋友，你应该帮助他改正这个不太好的毛病。"

我们不要大肆批判，而应该引导孩子自己去判断，你的尊重孩子一定能够感受到，孩子也有自己的是非观，他会注意也会劝朋友注意自己的缺点。

第三，请多关注孩子朋友的优点，学着去喜欢他

赞赏使人进步，你多多赞赏孩子的朋友，他就会更努力地去表现自己的优点，这无论对孩子的朋友，还是对您自己的孩子来说，都是一种积极的力量。他们会相互影响、相互比着向更好的方向发展。很多毕生的好友，就是这样一起长大的。

值得一提的是，这也是融洽亲子关系的一个非常好的措施。

小孩子闹矛盾，尽量让他们自己解决

01

一天放学，很多小朋友都想在学校中多玩一会儿，来接孩子的父母只好等在旁边。这时，突然从滑梯上传来吵闹声，原来是两个孩子闹别扭了。

"我要先滑！"

"应该我先滑！"

只见两个孩子嘴里一边嚷着，一边互相推来推去，互不相让。

圆脸男孩虽然长得小，却一点不弱，一把将瘦高男孩推到了旁边，自己先向下滑去。

瘦高男孩也不示弱，紧跟着滑了下来，在圆脸男孩还没有站起来之前，撞了上去。这一撞把圆脸男孩一下就撞到了地上，圆脸男孩哭着从地上爬起来，迅速冲向瘦高男孩。两个孩子扭打在了一块儿。

圆脸男孩的妈妈看到此情此景，一团火顿时从心中升起，冲过去一把将瘦高男孩拉开，凶狠狠地对瘦高男孩说："你这孩子怎么这样没教养！把别人撞倒了不说，还要打人。真是的！"

瘦高男孩看见大人显然吓坏了，怯生生地回答说："是他先推我的。"

"你这孩子，小小年纪，打了人还要狡辩。怎么了得！"圆脸男孩的妈妈絮叨着。

瘦高男孩的妈妈突然看见自己孩子正在被一个大人数落，心里很不是滋味，气愤地冲圆脸男孩妈妈喊道："你这么大个人了，怎么跟小孩子一般见识，冲他嚷什么呀！"

"你眼睛长到哪里去了？没看见是你的孩子在打人吗？"圆脸男孩的妈妈横眉冷对。

"那又怎么样？怕被人打就不要让他出门啊！没素质！"

瘦高男孩的妈妈也不甘示弱。

就这样，为了孩子间的一点小打小闹，两个大人却在那里吵得天翻地覆，最后竟然还你推我搡动起手来。把两个孩子吓得呆呆地站在一边，不知怎么办才好。

02

其实小孩子在一起，发生矛盾再正常不过，矛盾和冲突也是孩子提升人际交往能力的一种需要，孩子每解决一次矛盾，对他来说都是一次学习，孩子在这个过程中才能慢慢学会正确处理与小伙伴的关系。

家长替孩子"出头"，实际上是压制了孩子的成长。

孩子一发生矛盾，父母就立即帮忙，只会让孩子失去自我成长的能力。

事实上，如果你不出手，孩子是有能力自己解决矛盾的。

有一次，我在小区里看到两个孩子在争执。

"我做警察，你做小偷！"

"凭什么！你长得更像小偷！"两个孩子谁也不服谁，争得面红耳赤。

争着争着，突然有一个男孩说："要不咱俩石头剪刀布吧，谁输了谁做小偷？"

眼看着要动手的两个男孩瞬间达成共识，然后他们玩起了石头剪刀布，忘记了警察抓小偷。

你看，孩子有自己解决矛盾的方式和方法，如果你不插手，孩子自己解决起来往往效果更好，也更有利于他们的成长。

孩子毕竟是孩子，他们可以前一秒还脸红脖子粗互不相让，下一秒就能嘻嘻哈哈一起玩耍，而如果家长参与其中，他们反而可能没那么快就和好如初。

所以，对于一般性冲突，我们根本无须过分干预。

03

在这里给大家划个线：不需要我们干预的矛盾，即那些不会引发严重后果的冲突。

这种矛盾一般发生在年龄较小的孩子之间。比如两个孩子抢玩具，只要没打起来，谁抢到就让谁先玩儿，家长不要干预。

孩子间的矛盾一般发生得很快，结束得也很快，很快就会忘记，很快就会又玩在一起。吃亏的孩子会总结自己的想法和做法，会采取其他方式跟同一个小朋友相处，争夺玩具。这次他吃亏，下次可能就会不吃亏。双方都会总结经验教训，都会调整自己的方式，这其实就是孩子在培养学习社交能力和方式。

事实上，你不可能让孩子永远处于自己的保护之下，孩子总得独立面对冲突和矛盾。自己从矛盾冲突中掌握处理方法，培养处理能力，这才是最关键的。

第一，以一颗平常心来对待孩子之间的冲突。孩子之间很容易起摩擦，这不值得大惊小怪。父母不要对此斤斤计较，这样更有助于孩子间的友谊，促进彼此的了解，从而使孩子相互成为好朋友。如果问题比较严重，父母也只宜采取劝阻的方法，不要去添油加醋，促使矛盾的进一步恶化。最好能将自己的孩子带走，对他进行安抚及引导。

第二，正确平息孩子的情绪。小孩子在被人欺负后心里会很不舒服，就想立即讨回自己的不公，进而转化为动手。这是孩子的一种自卫心理，大人要让孩子树立自我保护的意识，但却要教育孩子不能动手打人，更不能主动去攻击别人。

发生这种事情，不妨将自己的孩子拉开，问问他的感受或替他说出感受，让孩子明白父母是知道他的感受的。接着对孩子做正确的引导，比如你可以说："他撞了你，你很疼，那你打了他，他不也同样会很疼吗？"孩子从中找到平衡，很快就会将一切丢到脑后，愉快地玩耍了。

第三，让孩子意识到自己的错误。如果孩子在矛盾中有错在先，就算是无意的，也应该让他知道自己做错了，并引导孩子学会主动道歉。

我们可以对孩子这样说："我知道不是你先挑起的矛盾，可是后来你先打了人家，这就是你的不对。去跟小朋友道歉，好吗？做好朋友不是更好吗？"这样耐心地说服，孩子是很容易接受建议的。

第四，千万不可纵容和压制。在处理孩子与孩子间的矛盾时，父母一定要注意方法，过于疼爱和过于严厉都是不可取的。

因为对孩子的迁就与疼爱而去替他撑腰，很容易助长孩子的攻击性，使孩子养成欺负弱小的习惯。

而对孩子太严厉也不能收到很好的效果。因为，孩子也有自己的感受，如果他得不到发泄，很容易造成心理扭曲，这样不仅伤害他们的自尊心，还让孩子没有自我保护的意识，从而变得胆小懦弱，并损害他的人格，导致他遇事不能自己处理。

所以，父母们一定要注意把握一个度，让孩子的生理与心理都能健康地成长。

冲突，在孩子的世界里可谓屡见不鲜。碰到这类情况时，我们应了解事情的经过，针对情况作出正确的处理，孩子年龄虽小，但他们也有一定的是非判断力，遇到"冲突"时，我们可以引导孩子采取协调的办法，放手让孩子自己来面对和处理问题，同时，多给他们一些鼓励和建议，从中加以引导，让孩子学会站在别人的角度考虑问题，通过相互协调，从而达到"双赢"的目的。

引导孩子在合作中，增进彼此的感情

01

为了丰富学生的课余生活，学校利用下午的自习时间组织学生进行篮球比赛。虽然学生们打球的水平不是很高，但参与的热情和积极性却很高。

既然是比赛，肯定有输有赢，柴旭坤所在的班级就输了，而且输得很不甘心。事实上，柴旭坤他们队的五个人，个个身高体壮，篮球打得也还算可以，而对方队伍中的五个人身材相对而言就薄弱了一些，球技和柴旭坤他们也不相上下。所以柴旭坤他们输的难免有些不服气，回到教室还在相互埋怨，柴旭坤说李男球传得不好，李男说朱宇蓝投得不准，五个人你一言我一语，争得面红耳赤。恰巧这时班主任老师回到教室，看到五个人的样子，便和他们聊了起来。

老师问道："知道你们为什么会输吗？"

此问一出，五个人又开始相互埋怨起来。

老师打断了他们，说道："你们身高占优势，基本功也不差，输就输在了五个人各自为战，你抢到球不舍得给我，我争到球也绝不传给你，'霸王'球、'独食'球太多，最终导致失败。对方身高处于劣势，但赢在了五个人的相互配合、全力协作上，所以才能'以弱胜强'。当然，你们为了班级的荣誉已经尽了力，输了就输了，别再相互埋怨，吸取教训，树立大局意识和团队精神，下次你们一定能赢回来。"

这只是孩子们生活中的一个例子，但这个例子也足以给我们敲响警钟。

未来社会竞争日益激烈，为了让孩子将来能尽快适应社会，许多家长千方百计培养孩子各方面的能力，在各种评比、竞争的大环境压力下，我们的孩子们个人素质、能力越来越强，独立性也越来越强。

但是，父母在让孩子学会表现自己的同时，也助长了孩子们的"个人英雄主义"，使孩子们越来越不懂得跟别人合作，甚至不知道应该怎样与别人合作，团队意识也越来越薄弱。

02

我们应当看到，当今社会不仅是一个竞争的社会，更是一个合作的社会，单打独斗已经难以在社会上立足。

在一个广阔茂密的森林里，生活着一群强大的狮子。狮群中有一只最高大的狮子。它特别妄自尊大，因此不受大家的喜欢，也没有被推举为狮王。大家捕猎时，它常常自己跑得远远的，自己捕猎，自己享用。

森林附近的大草原上，还生活着一群鬣狗。它们虽然很弱小，但是由于狮子不屑于捕捉它们，倒也显得十分安全。只是，永远以狮子的残羹剩饭来维持生计，它们真有些不甘心。

一次，狮群中那头最高大的狮子又独自去捕猎。"奇怪，周围怎么什么都没有了呢？"它正在诧异，早已注意它好久的鬣狗群悄悄地从后面包抄上来，团结在一起打败并吃掉了它。

弱肉强食的竞争社会，不懂得团结合作，个体的力量再强大，也是很容易被吃掉的。

我们现在的生活中，大多数工作都必须靠团队的力量才能完成，强调团结协作是 21 世纪对每一个人的要求。所以，在很多单位招聘员工时，个人的能力往往不是最主要的，是否具有团队意识才是最重要的。

有人曾问德国的一位小学校长："您办学最注重的是什么？"

校长回答说："教育孩子理解别人，与其他人合作。在现代社会，如果不能与人相互理解和合作，知识再多也没用。"

事实上真的是这样，合作意识与合作能力是孩子的一项重要生存技能。

实践证明：人与人之间明显冷淡的相互关系，必然导致人产生消极的劳动态度，给共同的事业带来不可估量的损失。

因此，与人合作的能力，已经成为当今世界人才的重要素质之一。

而一个人在童年时期没有形成与人合作的道德习惯和道德情感，待到他长大成人以后，便很难弥补了。因此，培养孩子与人合作的能力我们绝不能视如儿戏。

03

培养孩子的合作精神，家庭生活很重要。

在家庭中，父母应该多创造与孩子合作的机会，比如母女一起做饭、父子一起修理自行车等等。在与父母的合作中，孩子可以学到与他人合作的技能，并在今后与他人的交往中能运用这些技能。

对于孩子主动进行合作的行为，父母应该给予表扬。同时还要鼓励孩子多参加集体活动，孩子真正形成合作与竞争技能的时机往往是在与同伴们集体的活动中，如在学校的运动会上，为同学服务、加油等。

对孩子进行团结协作教育的培养，家长们还应该注意以下几点：

第一，让孩子懂得与人合作的重要性

在日常生活中，有许多事物必须要两个或两个以上的人合作才能完成，只凭一个人的力量是无法做到的。父母可以利用这种机会让孩子体验一下个人无法完成的挫折感，从而懂得与人合作的重要性。父母可以在家庭生活中与孩子玩一些需要合作的游戏，或是做一些需要大家一起合作才可以做到的事情。比如，家里的家具需要挪位置，父母可以让孩子一个人先试试，孩子肯定是搬不动的，这个时候，父母就可以适时对孩子讲解人与人合作的重要性，然后大家一起搬动家具。

第二，让孩子体验合作的乐趣

成功的合作可以让孩子产生良好的体验，这种体验能够带给孩子无穷的乐趣，进而促进孩子的合作意识和合作行为。在生活中，父母可以给孩子设置一些合作竞赛，让孩子们尽力通过合作去完成任务。如果孩子一时没有完成任务，父母也不要责怪孩子，而是让孩子明白，成功的合作不一定要达到现实的目标。虽然有些合作的结果是失败的，但是，在合作过程中，参与者都尽了自己的努力，同时，每个参与者都感到非常愉悦，这就是一种成功的合作。

第三，在游戏中培养孩子的团队精神

游戏可以说是孩子的重要课目，它是一种对社会活动的模仿，深受孩子们的喜爱，因而也就能起到很好的教育效果。在游戏中，无论是家长还是老师都应有意识地培养孩子团结协作的精神。比如，将孩子分成几个小组，选择需要互助合作才能完成的游戏让孩子比赛，赛完后分析获胜和失败的原因，让孩子知道只有和伙伴们团结协作，才能取得比赛的胜利。

第四，在日常生活中培养孩子的团队精神

要想具有团队精神，爱心、责任心以及合群意识是必备的，因此在日常生活中要注意培养孩子的这些综合素质。比如在幼儿园，在吃饭、睡觉时要让孩子互相帮助，值日生要负责任，对有困难的小朋友要有同情心并给予帮助。对于孤僻的儿童，首先要消除他和其他孩子的疏远感，使之真正融入孩子们中间去，然后才有可能进一步培养他的团队精神。

第五，树立孩子正确的竞争意识

在当今社会竞争日益激烈的形势下，要教育孩子树立永争第一的意识，让每个小朋友都用较高的标准要求自己。但同时也要让孩子明白，一定要用正当的手段去争夺第一，更要以正确的心态对待输赢。

要使一个人在以后的工作中能与人愉快地合作，无疑要从小开始培养。孩子从小就试着了解合作与交流的价值，尝试与其他人合作与交流，并且在合作和交流中得到鼓励和肯定，既可以使他们从小树立自信心，又有利于增强他们的学习欲望。

第六，让孩子了解一些合作的规则与技巧

在合作中既要尊重对方，服从大局，讲统一，又要有自己的立场。合作过程中不能唯我独尊，只想着自己，要充分顾及他人的要求与需要，必要时甚至做出一定的让步与牺牲；与此同时，迁就与让步是有限度的，不能放弃自己的原则，在合作中要有自己的立场与个性，要知道获得同伴的信任与尊重是合作成功的前提。

青春期的异性交往，是应该被允许的

01

同事是个传统的人，目前离异，带着一个 15 岁的女儿过日子。

同事这些年含辛茹苦，就是希望女儿将来能考个重点大学，为孩子、也为自己争口气。然而那天她很痛苦地说，她怀疑女儿早恋了。

大家都劝她淡定，毕竟每个人都是从青春期走过来的，一旦处理不好，就容易把孩子推向深渊。

可是同事无论如何也淡定不了，当然，为人父母，她的心情谁都可以理解。

当天下午，同事就请假，跑到女儿的学校附近蹲守、跟踪孩子。她竟然发现——女儿跟一个男生去小公园约会了！

同事当场抓住两人，不听任何解释，劈头盖脸将那男孩一通臭骂，然后强行将女儿拖回家中，又是歇斯底里大骂一顿，然后又给女儿的班主任老师打了电话。

据说，后来那个男生转学了，而同事的女儿则把她当成仇人一样，如非必要，绝不多说一句话，学习成绩也大幅下降。

同事情急之下，找到了我这个半路出家学习过儿童心理学的人当救兵。我们苦口婆心和孩子聊了好久，让她设身处地地体谅母亲——妈妈的做法虽然有错，但初衷真的没有什么问题。

孩子总算有所动容，道出了实情。

原来，那个男生也是个品学兼优的学生，那阵子因为家庭变故日渐消沉，孩子因为同病相怜而去安慰他、鼓励他，或许是相同的遭遇，两个人聊得比较投机，成了可以相互倾诉和鼓励的好朋友，仅此而已。

至于小公园……总不能在班级里聊"家丑"，让同学们都知道吧。

哎，这真是一个糟糕的误会！误会虽然解开了，可带给两个孩子的伤害不知道何时才能真正平复。

青春期的异性关系的确是一个最容易被误解、又最容易出问题的问题。

大多数父母意识到自己的孩子已经情窦初开时，或者只是在心里暗暗着急，或者旁敲侧击地去劝阻，或者不由分说地去制止，却很少有人与孩子开诚布公地沟通，为他们提供正确的指导。

但是在茫茫人海中，除了男人就是女人，异性交往不但不可避免，而且还是现代社会每个人一生中最基本、最重要的交际形式之一。所以，如果父母真的关注孩子的生活幸福、事业成功，就必须让孩子具备与异性相处的本领，教会孩子正确把握与异性交往的尺度。

02

不得不说，孩子和异性交往，在中国父母心里，一直是一个非常敏感的话题。

不过西方人并不这样认为，在他们看来，应该从小就鼓励孩子们和异性交往，孩子有了异性朋友是一件值得开心的事情。孩子们之间的感情是纯真的，令人羡慕的，是要保护的。

美国有一位心理学家，叫赫洛克，他把交友，包括交异性朋友的好处总结为八条：

1. 为双方带来了稳定感；

2. 彼此共同度过的快乐时光；

3. 获得与他人友好相处的经验；

4. 发展宽容大度与理解力；

5. 得到了掌握社交技能的机会；

6. 获得了批评他人和受他人批评的机会；

7. 为将来提供了求爱的经验；

8. 培养了诚实的道德观。

其实，学会与异性交往是"青春期"最重要的社会目标之一。按照人类心理社会发展的自然进程，一个正常人从初中开始就需要学习建立异性友谊，因此与异性交往并非是"长大以后的事"。

相反，如果真的等到离开学校走上社会以后才开始学习与异性交往，很可能就会因为缺乏锻炼而成为这方面的"困难户"。所以，家长大可不必谈虎色变，过多干涉孩子交异性朋友，当然，也不可不关心，而应该正确引导，让孩子自己把握与异性之间交往的分寸。

03

面对孩子的异性交往，父母应该做的是，教育处在青春期的孩子以平常心态对待异性朋友，控制性冲动，培养自己的健康人格，端正性观念和批判"性解放"思潮。

家里如果是男孩子的话，作为父母可以这样指导他：

首先，没必要过分拘谨。 在和女生的交往中该说就说、该笑就笑，需要握手就握手，这都是很正常的，要是忸怩的话反而让人家讨厌。当然，要是过分随便的话，一定会把小女生吓跑。

其次，不要太严肃。 太严肃让人不敢接近，望而生畏，可以不失时机地表现一下幽默感，这样比较容易受欢迎，但不要发展成油腔滑调。

再次，养成绅士风度。很多时候女性被视作弱势群体，所以"男子汉"们要学会谦让、学会保护女士。比如一起在马路上闲逛时，男孩子应该走在靠车行道的一边；进出门时，男孩子要给女士开门，让女士先进先出等。可以从"照顾"妈妈开始，训练男孩子的绅士风度。

假如家里是女孩的话，父母要让她们务必注意与男孩子交往的尺度，做到既能展现女孩子的魅力又能避免吞食苦果。

首先，不要过分热情。如果女孩子在交往中表现得过分热情，就会让对方觉得是轻佻之人，往往会产生非分之想，不利于正常交往。

其次，要保持警觉。"食色，性也"，不排除很多男孩子都有好色之嫌，所以女孩子要时刻保持警觉性，这样才能及时发现色狼的不良动机，采取防御行动。

再次，不要总是不理不睬。虽然在交往中一般都是男孩子采取主动，但是如果女孩子一直不理不睬的，保持着"冰山冷美人"的形象，不用多久就没有男孩子敢接近了。

除此之外，父母还要让孩子在与异性交往的过程中，保持广泛接触和群体形式，注意交往的分寸；少与异性单独接触，没有特殊需要不单独约会；注意把握和控制自己的性冲动，避免由于朦胧而产生的偏差，珍惜少男少女的纯洁；理智地、有分寸地对待出乎意料的感情越轨，尤其对待"性诱惑"要敢于说"不"。

其实，孩子的交往经常是凭直觉进行的，是纯洁和美好的，对这种友谊父母应当格外尊重和鼓励。让孩子与异性自然交往，告诉他们不要把异性视为特殊对象而感到神秘和敏感；不要形成一种人为的紧张和过分激动的心态；也不必因对某个异性有好感，愿意与之交谈、接触，就认为自己爱上了对方，或以为对方对自己有情，错把友谊当爱情来追求。父母也不要把青春期的异性交往都看作是"早恋"，是一种"错误的要求"或"会闹出乱子的坏事"，而想办法去"制止""拆散"。

一不小心孩子早恋了，你该怎么办

01

正在读初三的李璐璐，学习成绩在班里总排在前几名。可最近父母却发现她的情绪有点不稳定，忽而精神恍惚、不爱说话，忽而又神采奕奕、满脸幸福的样子，而且整天神神秘秘地在自己的房间里写东西，学习成绩也有些下滑。父母都很着急，但由于两个人工作都很忙，一直没时间和女儿沟通。

一天，妈妈发现璐璐在日记中写道：

"我喜欢上了我们班的一个男生，他很帅，会打篮球，而且很开朗。班上很多女同学都很喜欢他。但他好像只喜欢我，这让我很自豪，觉得在同学朋友面前很有面子。

班上的同学经常议论我们俩，而且经常起哄，说我们俩在谈恋爱。这让我又喜又忧的。

今天，他居然跟我表白了，我内心很矛盾。自己确实很喜欢他，但是又怕真的在一起之后影响了我们的学习，我知道爸爸妈妈对我的期望很高。可是，我还是答应了。我们就这样在一起了。

我发现自己越来越喜欢他了。一分钟见不到他我就心神不宁的，感觉很想念，上课也忍不住去看他，下了课就赶紧找他去散步、聊天。"

看到这些日记，李璐璐的妈妈感觉遭遇了晴天霹雳，可是她不知道该怎么做。批评孩子，孩子正在叛逆期；不批评她，难道就让她这样下去吗？

02

孩子过早恋爱，显然会对他们的成长成熟造成一定的负面影响，客观地说，父母反对并没有错。

但是，很多时候，父母采用的方法是不恰当的。

例如，有些父母在孩子上初中时就声色俱厉地警告孩子"不许早恋"，有的父母经常性地偷翻孩子的信件、日记，偷听孩子的电话，监视孩子的行动……这种做法不但避免不了孩子早恋，有时甚至还会使孩子因反感父母的做法而故意要去"早恋"。

儿童心理学家认为，**对待孩子的早恋问题，家长不能一味地"堵"，甚至在孩子还没有早恋时就开始捕风捉影，胡乱"管制"。因为孩子的早恋问题，越堵反而会越乱，基于青少年的逆反心理，这很有可能造成家长不愿看到的后果。**

网友"妈妈真命苦"现在非常懊恼自己在处理儿子早恋问题上的过激行为：

"我两个月前就感觉到他早恋了，因为发现他总和一个小女生一起回家，还经常在房间悄悄打电话，有一次，我没敲门进去，他很快挂断电话，并埋怨我偷听，侵犯了他的隐私。

"后来一个好朋友告诉我，曾看见儿子和一个女生在大街上拉着手一起走，态度非常亲密。我意识到了问题的严重性，将儿子狠狠地臭骂一顿，说他不要脸、没出息等等。儿子也被激怒了，说我是个老顽固。我一怒之下扇了他两巴掌，我们的冷战开始。

"第二天，我去找那个女孩谈判，希望她能够从两个人的未来考虑，尽早结束这样的'友谊'。我承认，心急之下，我说了一些难听话，所以非但没有说服女孩，反而引起了女孩的愤怒，我的谈判失败了。

"后来，我和女孩的父母见了面，儿子也终于与那个女孩'分手'了。可是儿子却完全变了，此后只要有女孩向他表示好感，他不管喜不喜欢，都答应。他还故意怼我'你能拆散一个，能拆散十个吗？'我现在真的不知道该怎么办才好！"

应该说，绝大多数孩子对于异性的好感，是出于很单纯的情感动机，属于"成长中的烦恼"，而不是一些家长和老师认为的，是道德品质的问题。用"道德审判"的眼光给这些孩子打上"坏孩子"的烙印，把孩子的青春悸动和"耍流氓"等行为的性质等同起来，以异常激烈的手法加以遏制，这其实是"教育的错位"。

这样做，不仅极大损伤了孩子的自尊心，还容易使孩子产生心理偏差，导致一些孩子错误地认为，异性之间的交往就是低俗的、丑陋的、罪恶的，以至于对异性交往产生恐惧，形成异性交往障碍。

另外，来自不同方面的"批评帮助"，还会产生罗密欧与朱丽叶效应。所谓罗密欧与朱丽叶效应，就是当出现干扰双方恋爱关系的外在力量时，恋爱双方的情感反而会加强，恋爱关系也因此更加牢固。

换言之，对孩子的异性交往，就看你怎么引导——拉一把，仍是友谊；推一把，弄假成真。

03

其实，对于孩子的早恋问题，与其严防死守，使之形成恶性循环，还不如因利疏导、教他们正确对待。

我们来看看下面这个故事：

有一位 17 岁的高中男孩，与一个同班女孩相恋了，男孩的父亲与儿子进行了一次属于两个男人之间的朋友式的谈话——

父："儿子，你是不是觉得她是最好的女孩？"

子："我觉得我认识的女孩里她最可爱也最善良。"

父："爸爸相信你的眼光。但是，你才上高二，你认识的女孩有多少？"

子："……"

父："记得你的理想吗？你说你要上大学，将来还要出国深造，想成为一名律师或金融家。你知道你将来会遇上多少好女孩？爸爸并不反对你现在谈女朋友，但是，爸爸最反感的是见异思迁。你17岁就有了女朋友，这女朋友是你到目前为止认识的最好的女孩，可是，你将来会有更多的机会，到那时你该怎么办？"

子："可是，现在让我离开她，我会很痛苦。"

父："你初三时买的照相机呢？"

子："前两天，妈妈给我买了个高级的，我觉得效果比原来那个好，就把那个扔箱子里了。"

父："这就叫一山更比一山高。你如果把握好每一个属于你的机会，你以后的成就只能比今天大，你面对的世界只会比今天更宽阔，到时候你的选择只会比今天更好，更适合你。如果你与这女孩真有那份情缘，到时候让它开花结果多好。儿子，一个人一生不可能不做些让自己后悔的事，但是，人生大事只有几件，后悔了，就遗憾终生。"

子："爸爸，我懂了……"

在父子轻松的交谈中，早恋的问题被解决了，这就是疏导的成功运用。在交谈中，父亲没有随便指责孩子，而是从侧面点拨、开导。

开明的家长不会用粗暴的态度指责或打骂孩子，因为他们知道这样做只能使孩子逆反心理加重，把恋爱活动转入地下，越陷越深。

我们也会时而听闻，有些孩子在向家长亮牌后，家长态度生硬，孩子无可奈何，出走、自杀，不能说家长没有责任。所以希望诸位家长能为自己敲响警钟，改变那些不恰当的做法，心平气和、循循善诱地使孩子懂得早恋弊大于利，很难有结果，进而引导孩子自己学会冷却这种狂热，把与异性交往控制在友情的范围之内。

04

在这方面，家长首先要做的就是，对孩子这种现象给一个合理的评价。

其次，在日常生活中跟孩子搞好亲子关系，多跟他们聊聊学校的事，聊聊他们的困惑，鼓励他们多跟不同的异性交往，尽量发展正常的同学友谊。

如果孩子已经与某个异性有"交往过密"的倾向，就要坦诚地跟他谈交往中需要注意的事项，管好自己的行为，预防性行为发生以及带来的伤害。

不要觉得讲这种事比较难堪，现在孩子获取信息的途径很广泛，与其他自己瞎寻找，不如告诉他科学的知识，杜绝伤害。

另外，父母还要尊重早恋的孩子，倾听他内心深处的呼唤，理解他的烦恼，引导他脱出感情的漩涡，从而及时坚定地制止孩子的早恋行为。

给大家提几点建议：

第一，及时发现，善于引导。 一般来说，早恋发现得越早，解决起来就越容易。及时、准确地确定是否有早恋行为是很关键的一步。我们可以从孩子的行为变化中观察到异常表现。出现"早恋"意识的学生往往是在感情上比较空虚的孩子，他们要么就是在家里没有得到父母的关怀与呵护，要么就是在学习成绩上不是很理想，也有一部分学生是因为学习上的压力太大了，在有了这些认知之后，当我们面对他们早恋行为的时候就会多一些理解，要积极地去引导孩子。

第二，转变观念，耐心教育。 不要一上来就以训斥的口吻教育孩子，因为青春期的孩子叛逆心理都很强，很容易产生反效果。中学生关注异性，被异性吸引，是他们成长发育过程中很正常、很自然的事情，这一事实告诉我们，孩子已经长大了，让他们也认识到这是一个很自然的过程。

第三，爱欲分流法。 精神分析学派认为，一个人的生命能量"力比多"是不断流动的。青春期急剧增长的"力比多"在体内找不到合适的通道，便会淤积于体内某一处或泛滥、外流。早恋便是"力比多"在体内集中投注于某一处的结果。

这种爱欲的淤积会导致心理的不平衡。当孩子越把爱欲投注于一个人的时候，这个人的光环就越艳丽多彩，甚至连那一个人的缺点也成了魅力所在。如果能把这种爱欲分流，从而达成新的心理平衡，孩子就能渐渐从早恋的泥沼中走出来。

第 8 章

当孩子受"欺负"时，
他更需要掌握高明的化解方法

孩子成了软柿子，难道你不心疼吗

01

有人天性温和，与世无争；有人天性凌厉，霸气强硬。从天性而论，本无好坏之分，特质不同而已。

还记得刚刚参加工作那会儿，单位有位同事，比较强势自私。因为我是个新人，又不愿意与人发生矛盾冲突，或者说我性格有些软弱，害怕与人争执。对方便觉得我好欺负，不断把本该由他完成的工作推给我。

这种事，一次两次当帮忙了，十次八次忍一忍，天长日久谁心里不窝火？但我还是忍了。

终于有一天，我忍无可忍，当着一干同事，同他开撕，态度分明地告诉他，我不是软柿子，你不要想捏就捏！

犹记得，我当时大脑一片空白，只有血气不断上涌，而同事们，看我的眼神就像不认识我一样。

不过，从此以后，他再也没有把活推给我了。

注意，我并不是炫耀战果，事实上我的做法并不值得肯定，成年人沟通可以有很多种方式，吵架是下下策。真正的有效沟通，是在不伤和气的情况下达成自己想要的效果。而且，初入职场的人多干点活也不全是坏事。

我想表达的意思是，**不管是你还是孩子，当被强势的人**

不断侵犯时，一定要守住边界，勇敢地亮出自己的原则。否则，在他们看来，你或者你的孩子，就是毫无底线、任人宰割的弱鸡，是谁都可以捏的软柿子。

而一旦你被贴上这个标签，你的孩子也会深受影响。

儿童心理学研究表明，在胆小懦弱型家长影响下，孩子一般会出现两种情况：

一是自己得不到有效保护，只能想方设法使自己变得强大来保护自己，当然，也有可能变得极其乖张暴戾。

二是和父母一样胆小懦弱，毫无底线地妥协与忍让，备受欺凌也不敢反抗。

对孩子来说，家庭应该是他最安全的港湾，父母应该是他成年之前最坚实的依靠。

在孩子看来，父母应该是他身边最强大、最万能的人，最爱他并且能够帮助他解决任何问题。

如果父母的表现让他们大失所望，那么他们就真的无依无靠了。

02

应该是受遗传基因影响，我的孩子性格也比较温和。

小时候他与小区里的孩子一起玩耍，别的孩子让他让出位置他就让，并不抗议更不争执；别的孩子有时会推推搡搡，他也只是躲躲闪闪，不还口也不还手。我当时仿佛看到，孩子上学以后，被霸道孩子推推打打，不敢还手，蹲在地下哭，心里不禁有点抽痛。

有一次带孩子去游乐园，他中意上一款打枪的电玩，正玩得开心，不知从哪跑来一个小孩，强行把他挤到一边，抢走他手里的电子枪。而他，就委屈巴巴地站在一边，看着别人强占他花钱启动的游戏。

我试图去跟小孩商量，哥哥还没玩完，可以把游戏还给我们吗？但那孩子置若罔闻。

我看向孩子的家长，她站在一旁笑着旁观，熟视无睹地看着自己的孩子抢别人的东西。

我直接去找现场工作人员解决，将孩子的游戏使用权要了回来，看到那对母子连句道歉都没有就走了，我心里真的有些反感。

其实，真的不是我斤斤计较小肚鸡肠，这也并不是钱不钱的事，我只是希望孩子能够明白：

你要学会保护自己和自己的正当权益，当你无能为力的时候，你还可以寻求别人的帮助，另外，父母一直是你坚强的后盾。

孩子以后还有很长一段路要走，我们不能一直伴随他的左右，不能一辈子帮他遮风挡雨，所以我们必须让他们学会在合情合理的情况下，强势一点保护自己。

03

作为父母，我们都希望自己的孩子不被别人欺负，当然，也不会纵容自己的孩子欺负别人。但，事与愿违，有些人你不招惹他，他也会来招惹你，有时候你把孩子教育得很不错，而有些家长却以自己的孩子欺负别人为乐，同生为人，不能理解。

虽然我无法将孩子教育的多么完美，但起码他不会主动去攻击别人，不会去抢不属于自己的东西，当然，我更希望他能学会保护自己。

然而，这个世界是多元的，我们的孩子终究要面对各种各样的人，早晚要与性格各异的人打交道，倘若遇到那些性格不好的孩子，他们应该如何与其相处？

在孩子刚上学那会儿，我曾告诉他：

第一，你要学会保护自己，如果可以，还要保护自己的朋友。 如果有一个性情耿直率真但本性善良的人冒犯了你，你可以直接或者委婉地告诉对方，他的做法让你很难过，他应该可以豁达地接受你的建议，而不会影响你们的友谊。

第二，如果遇到一个霸道强横而且本性恶劣的人，能避开就避开，如果不能，一定要正确而勇敢地回应。 告诉他，他的做法你很不喜欢，让他知道你也有自己的原则底线，如果他仍旧冒犯，你可以在不伤人的情况下巧妙还击，并寻求老师的帮助。

幸运的是，孩子上学这么多年，朋友交了不少，但被欺负的事件并没有真的出现。

这里有个"小好人"，大家快来欺负他

01

邻居轩轩妈妈最近为儿子的事情忧愁不已。

熟悉他们家的人都知道，轩轩从小聪明乖巧，文明懂事，轩轩妈妈为什么还这么烦呢?

原来，正是因为轩轩"太懂事了"，反倒成了同学们的欺负对象。

轩轩今年上小学四年级，是班里的卫生委员，平时同学们不愿做的班务劳动，轩轩基本都主动揽在身上，因为他觉得自己是班干部，就要以身作则。

这一天，轮到捣蛋鬼刘刚做值日，但刘刚推说自己家里有事，非要卫生委员轩轩帮自己把活干了，然后没等轩轩同意，不由分说就先跑了。

轩轩虽然心里不高兴，但转念一想，如果自己不帮忙，教室卫生没打理好，老师一样会向自己问责，于是，轩轩默默无语憋着气，教室响起扫帚声……

然而，刘刚自从得了便宜、尝到甜头以后，一发不可收拾，每一次都故伎重施，要么说自己不舒服，要么说爷爷生病了……总之，他从此再没做过值日。

同学们一看，呦呵，这有一个老实人，大家快来欺负他！于是纷纷效仿刘刚，轩轩对此也是有气，但他无能为力……

因为孩子每天回家都很晚，这就引起了家长的注意——他，究竟去了哪里？

后来经过审查式询问才知道，原来孩子一直在替全班同学做值日。当妈妈的一听，怒火中烧，决定和老师沟通一下这件事，可轩轩却坚决反对，因为他害怕失去刘刚这个朋友，也害怕同学们因此不喜欢自己。

应该说，像轩轩这样的孩子，是对"好人"这个概念，产生了误解。

其实不光是孩子，很多大人也是如此。

有不少人觉得，对所有人都友善，有求必应，想方设法帮助别人，毫不利己专门利人，这样做了就是"好人"。他们是这样想的，也是这样做的，并以此为荣。

对这些人而言，做"好人"不仅是一种习惯或行为方式，而且更是一种与他人建立关系的特殊方式。

事实上，一心做好人并不是一个无大碍的问题，它也是一种心理病，心理学上称之为"好人综合征"。

"好人综合征"源于人们对自我价值的信心匮缺，于是希望用做好事来换取外来的赞美与认可，这种需求一旦形成心理定式，就会严重降低行为者的判断力和自控力，进而衍化成一种可以称之为"癖"的习惯和依赖。

格勒弗医生是诊治"好人综合征"方面的权威，也是《不再当好人》一书的作者。他指出：

几乎所有的好人在意识或下意识中都有类似于这样的想

法：如果我把缺点藏起来，变成别人希望我成为的那个样子，那么别人就会肯定我，觉得我好，也会敬重我，重视我。这样，我的生活就有了意义，有了价值，我也就找到了幸福。实际上，这种幸福的感觉或自我意识的满足取决于他人对我的看法，我自己并不能把握它，因此我实际上并不幸福。

02

幼年时，孩子学会了看父母的脸色；上学时，他们又格外注意老师、同学的看法，渐渐形成了按他人想法去生活的倾向。再以后，孩子长大以后，在赖以生存的社会及人际关系中，渐渐把自己塑造成了一个连自己都信以为真的"好人"，并一直维持着这个形象，以期望从中获得安心感和自信感。

然而这个"好人"，其实是他们刻意塑造出来的，很大程度上，他并不是真实的自己，是与"本来的自己"背道而驰的，所以，即便那个塑造出来的"我"不断告诉本来的"我"，这样做是对的，但本心并不会感到真正的自信与快乐。

此外，这种不顾一切做好事的行为，也会让孩子付出高昂的代价，如果一个人太顺从，不能为自己挺身而出，没有了自己的声音，那么就很容易受欺负。

另外，"当好人"也不是好人一个人的事情，这往往会给家人带来很大的困扰，让他们也跟着自己受罪。

莹莹和妈妈一起回家的路上遇到了隔壁王叔叔，王叔叔很喜欢莹莹，想要抱抱她，莹莹很不喜欢，说："叔叔，叔叔，不抱。"

妈妈看到王叔叔尴尬的表情，赶忙说："莹莹，叔叔从小就喜欢你，让叔叔抱一下吧。"

5岁的莹莹很是困惑，妈妈平时不是说不让男生抱的吗，怎么王叔叔可以抱我呢？

回到家里妈妈告诉她："莹莹，我们要做个好人，不要使人难堪。"

爸爸给莹莹买了一只漂亮的布娃娃，亲戚家小朋友菲菲来做客，菲菲很喜欢莹莹的布娃娃，抱了很久都不放下来，直到离开也不愿意还给莹莹。

看着菲菲"我不带走誓不休"的样子，以及菲菲妈妈无可奈何的尴尬表情，莹莹爸爸大手一挥，说道："拿去！"

莹莹哭闹着不同意，但布娃娃还是被带走了。

6岁的莹莹很迷惑：我到底是不是亲生的？

爸爸告诉莹莹："孩子，我们要做个好人，不要使人难过。"

26岁时，莹莹就职于一家大型国有企业，她是一个名副其实的"老好人"，总希望所有人都能喜欢自己。莹莹每天都笑容满面地出现在大家面前，帮大家买饮料，复印文件……时间久了，大家也就真的不拿莹莹当外人了，很自然地支使她做这做那，做不完的工作都推给莹莹，加班也总是第一个想到她。

最近，莹莹的老公去国外出差，莹莹很主动地对大家说，可以帮大家从国外带点化妆品、衣服一类的小商品。于是当天下午，一张密密麻麻罗列着服装、化妆品、包包、婴儿配方奶粉的清单送到了莹莹的面前。

莹莹的老公接到这张清单以后，立刻打电话给她，指责她不应该这样大包大揽，因为自己是去工作，不是去旅游，哪有那么多时间去选购这么多的物品。并且表示，这次自己不会给莹莹的同事带任何东西，希望莹莹能改掉这种"好人病"。

莹莹觉得老公这是在给她难堪——我们要做个好人，怎么能使别人不高兴呢？两个人隔着电话争执几句，之后便进入冷战状态……

不过，令人崩溃的还在后面呢，从递来这张清单以后，同事们隔三岔五就问："你老公怎么还不回来啊？出差要这么久吗？家里还等着用呢！"

莹莹分明是在做好人好事，怎么弄得跟自己欠谁的一样呢？

诚然，"替他人着想"是种美德，但教孩子无底线地替他人着想，美德也会成为枷锁。

无底线地为别人着想，会让孩子在不知不觉中丢弃自我，失去维护自己正当权益的能力。终其一生，这个阴影可能都无法摆脱。

03

大多数习惯取悦于他人的孩子，对拒绝和敌意有着根深蒂固的畏惧和焦虑，因为从小就被灌输如何尽力避免拒绝他人引起敌意，长大以后便戴上了友善的面具，只考虑他人而忽略自己。

他们不计后果地做好人，不计代价地希望得到别人认可，这样的行为，表明他们的心理健康已经出现了问题。

然而通常情况下，产生"好人综合征"的根源还是家庭教育问题。是他们的父母在他们的成长过程中，没有做好以下几点：

第一，没有给孩子足够的家庭安全感

致使孩子成为"老好人"的重要原因之一，就是孩子缺乏安全感，因为对自己缺乏自信和安全感，所以他们千方百计讨好别人。

这与父母对孩子的关注度有很大关系。一些家长因为"忙"等种种原因，从而忽略了对孩子的关爱。而一些孩子为了得到父母的关爱，就会想方设法"做好事"来博取父母的表扬与关爱。久而久之，便成了他们与人相处的一种行为模式。

所以不管你真的有多忙，请多花些时间来陪伴孩子，在孩子的成长过程中，给予孩子更多的关注、鼓励、肯定与引导，孩子只有拥有足够的安全感和自信心，他才不会一门心思去"讨好"别人。

第二，没有给孩子好的言传身教

有些孩子的父母就是典型的"老好人"，他们的思维和行为时时刻刻都在影响着孩子。孩子把父母当成自己的模板，自然而然就学会了父母"有事您说话"的行为模式。甚至有些孩子稍微"自私"一点，就像年幼时的莹莹，还会遭到父母的制止和打压，责怪孩子不替别人着想。

久而久之，孩子就会根深蒂固地认为，别人的感受重要过自己的感受。

对于这种父母，我们还能说什么呢？只希望如果你的孩子还小，那么为了孩子，也为了你自己，请将自己的"老好人"模式删除重置。

第三，没有尊重孩子的自我意识

与"老好人"父母刚好相反，还有一种父母，非常强势，凡事都喜欢替孩子拿主意，甚至不允许孩子有不同的意见。在父母的强势管制之下，一些性格弱势的孩子不断被迫放弃自己的主见，进而学会了通过揣摩父母的心思来赢得父母的肯定和喜爱。然后又久而久之，他们就失去了自主意识，对于外界评价的在乎程度远远高于自身的感受。

这类家长需要注意，孩子再小，他们也有自己的想法和需求，我们应该给予他们更多的机会让他们去表达自己的意见，让孩子知道，自己的感受和想法才是最重要的。

总之，我们应该让孩子明白，人际关系的前提是平等互爱，彼此之间不平等，相互之间不尊重，这样的关系不要也罢。

我们应该把孩子培养成一个好人，但不要让他成为"老好人"。

孩子受欺负，家长别说"没事的"

01

那天，饭后在小区散步，看到两个男孩不知什么原因打了起来，大一点的反而被略小的孩子推了个跟头，嘴里还骂着脏话。两个孩子的母亲都走了过来，小孩子的妈妈赶紧拉住自己的儿子，并连声跟被推倒的孩子道歉。大孩子的妈妈忙说"没事的"，并转头训斥自己的孩子："怎么又跟人家打架，你比人家大，你怎么不知道让着点小弟弟呢？"

"可是，是他先骂我的！"被推倒的孩子争辩道。

"他骂你一句不痛不痒的，有什么关系！"他的妈妈继续训斥着。

孩子眼中的委屈瞬间不见，取而代之的是满满的无助、失望、寒冷、怯弱和自卑。我的心瞬间揪了起来。

这时，他妈妈又转头对小孩子的妈妈说："这孩子性格很不好，和谁都玩不到一起去，都不知道拿他怎么办才好。"

只这一句，我完全明白了，孩子那种孤独、无助、自卑的眼神来自哪里——"妈妈，你怎么这么说我？我受了委屈，你却在外人面前说我不好！"——或许此时此刻，孩子的心里也许正在悲伤地呐喊着。

看着孩子复杂而黯淡的眼神，我觉得这孩子的内心已经开始有裂痕了，心中的温暖正被一次又一次地撞击而冲散。

小孩子的妈妈可能觉得这种氛围有点尴尬，带着孩子走了。

我实在看不下去了，对那位母亲说："虽然我不知道他们为什么打架，但很明显，你的孩子吃了亏，我觉得他这个时候更需要你的安抚和开导，别让他觉得自己受欺负时是孤零零的一个人，否则，这对孩子的心理发展很不利。"

"他和别的孩子打架，我向来都是骂自己家孩子的，总不能说别人家的孩子不好。"

多么熟悉的画面，多么无知的原则！我们这代人从小不就是在这样的境况中长大的吗？难道父母在我们身上留下的懦弱的烙印，还不足以让我们深思吗？

考虑了一下，我对那位妈妈说："我想，你的孩子现在一定很伤心，因为你忽略了他的感受，而你的训斥、你的那句'没事的'，或许会让他以后丧失保护自己的意识，以后他的东西被人霸占了，他被别人打了，他可能都会认为别人是对的。"

当孩子吃亏时，家长说"没事的"，其实是在忽视孩子的情感需求，对孩子的成长影响很大，极可能刺激一些负面性格的产生。

02

你那句"没事的"，可能会让孩子变得胆小而懦弱。

小孩子凑在一起，经常会发生一些矛盾，有时孩子明明是受欺负了，比如自己的食物被别人抢走吃，自己的玩具被别人抢去玩，孩子第一时间想到的肯定是向父母求助，可这个时候父母却说"没事的，让给他们好了"，孩子心里一定很纠结——明明是我的东西，为什么不经我的同意，别人就可以随意夺走？

当孩子的利益受到侵犯，自己的物品被人抢走，父母却说"没事的"，就是在向孩子表示：就算你被欺负了，你也得忍着！这种观念的灌输，会让孩子逐渐不懂得自我保护。

孩子小的时候，带他在小区玩，正好两个平时和孩子要好的小朋友在长凳上玩"开火车"的游戏，一个扮演司机，一个扮演乘客。我家孩子见状跑了过去，说自己也要玩，而且要当司机，还爬上长凳想挤小朋友。小朋友当然不愿意，死死占着司机的位置不放。我家孩子没抢到，不甘心地哭了起来。我正想过去教育他一下，不许这样耍赖皮。那个孩子的妈妈走了过来，问清楚原因后，对自己的孩子说："你让给弟弟吧，他比你小。"

那个孩子很不开心，低着头不说话，坐在那儿也没动弹。我连忙制止对方，说："是他先在这里当司机的，如果我家臭小子想当司机，必须遵守先来后到的规则，和他商量，然后等待。所以，咱们别劝说他让出来。"

孩子妈妈听了我的话，有些不认同："难道不该教孩子谦让吗？"

我解释说："教孩子懂得谦让，应该建立在遵守规则的基础上，不能教孩子向错误的行为谦让。何况，如果他让给了我家孩子，我家孩子也会觉得自己的无赖行为是正确的。我们不能这样教育孩子。"

很多家长喜欢要求自家孩子谦让别人，甚至明知道自己的孩子不应该让，但碍于面子，好像不叫自己的孩子谦让就说不过去。他们常对孩子说："你比他大，你看他都哭了，你让出来吧。"然后孩子很自然地认为：年龄小就受优待，下次遇到比我大的，我也可以蛮不讲理，抢人东西；谁哭了就受照顾，以后不管遇到什么事，不满意我就哭，哭就可以受照顾……而当孩子如此这般时，他们又开始一味指责孩子不懂事，而事实上，这难道不是我们暗示给孩子的吗？

不分青红皂白的谦让会让孩子产生混乱，不利于建立规则，不利于培养孩子辨别是非的能力，还会让孩子觉得不被尊重、不公正，感到委屈和压抑。今天你强迫他谦让，你传递给他的信息就是他也可以强迫别人谦让。

另一方面，如果孩子的愿望总是被压制，逐渐地他就会变得胆小懦弱，变得不敢表达自己的感受了，长大成人之后，孩子的行为方面也会出现一些问题，他不敢维护自己的正当权益。

03

还有一种情况正好与之相反，如果孩子的利益受到侵犯，他们向父母求助，可父母因为种种原因总是轻描淡写地表示

"没事的"，孩子在认为自己得不到父母保护的情况下，就可能强迫自己"强大"起来，因为只有这样，他才能保护自己。

而孩子让自己强大的方式，往往就是暴力。

我小的时候有一个一起玩的小伙伴，家庭条件不好，父母都是老实人，属于经常被人家占便宜，受一些小欺负的那种，但他们都认了。

在我们那个年代，农村孩子一般还是比较顽劣的，我的那个小伙伴因为家穷父母老实，平时也没少受熊孩子们的欺负。

他一开始也像父母一样忍气吞声，然后跑回家向父母哭诉，希望爸爸妈妈能够帮自己出头，可是父母每次都告诉他："咱们惹不起人家，你就躲着点，就是打打架，又没打坏你，忍忍算了。"

然而大家小时候应该都体验过，那些以欺负人为乐的熊孩子，就算你躲着他，他也不会放过你的。

终于，那个孩子在经历一次次欺辱和一次次失望后，彻底爆发了——既然爸爸妈妈不能帮我撑腰，那我就用拳头帮自己撑腰！

从那以后，他变得格外凶狠，每次自认为受到侵犯，哪怕只是争个玩耍的小沙堆，他都会大打出手，就算一对多，他也会抓住其中一个不放，发疯似地揍。渐渐地，村里孩子都怕了他，当然，他的朋友也越来越少了。

后来上中学，因为和外村一个孩子起了争执，他一木棍把人打成重伤，进了少管所。

如果父母用"没事的"来忽视孩子的求助和恐惧崩溃的内心，性格强硬的孩子就会用暴力来保护自己。社会上有那么多少年刑事案件，难道还不能唤起我们的深思吗？

04

还有一点也许父母们没有注意到。

不管是受人欺负还是东西被抢，父母一再让孩子"息事宁人"，反馈给孩子的信息就是：别人欺负你，你要忍着，别人想要什么，你要满足！

这种无限牺牲自我、放弃自身意愿一味迎合别人的教育，很容易使孩子形成"讨好型"人格。

举个例子，我大姑姑从小就被我爷爷奶奶要求，凡事要让着弟弟妹妹，要给弟弟妹妹做个榜样，所以她不得不委屈自己，不管父母说什么都言听计从。所以在娘家时，就是兄弟姐妹中最受委屈、最吃亏的那一个。

姑姑嫁人以后，公公婆婆对她并不好，但不管多过分的要求，她都照单全收，她心里也有怨气，但她又不知道怎么表达不满，她觉得向长辈表达不满就是罪过，哪怕长辈大错特错。

我姑父脾气暴躁，经常对姑姑发脾气，不管这脾气发得有没有道理，我姑姑都顺着他。结果自己心里又觉得憋屈，家里家外都要操劳不说，所有人还都说她这不好、那有错。

后来堂哥娶了媳妇，她又开始讨好儿媳，儿媳妇什么都好，什么都对，就算儿媳妇做得很不对，她也不敢给人指出来。她在儿子家做这做那，活像个没工资的保姆，儿媳却对她挑三拣四、横眉冷对，她只敢背后跟我们抱怨："到底不是亲生的。"

总之姑姑这辈子，一直在讨好别人，一直在受委屈，她觉得自己的迎合可以得到别人的好感，别人却从来没有看到她的付出和委屈。

有了姑姑的前车之鉴，所以我从小就告诉自己的孩子，要学会遵从自己的内心，不要无原则无底线地讨好任何人。

我们生而为人，的确应该善良为本，应该推己及人，换位思考，但这并不表示，我们需要处处糟践自己去讨别人的欢心。你的孩子将来是自信满满，成为朋友圈的中心点；还是委屈巴巴，活得像个受气包一样，就取决于你现在对他的教育。

05

其实说了这么多，无非是想郑重地提醒各位家长，当你的孩子权益受到侵犯，千万不要告诉他"没事的"。

"没事的"这三个字，是毫无道理毫无底线地忍让和满足别人，却把孩子应有的权益剥夺得鲜血淋漓。

所以，当孩子的权益受到侵犯，当孩子向你诉说委屈时，我希望你能守住底线，这样去做：

第一，第一时间送上关心，安抚孩子

孩子将自己受欺负的事情告诉父母，就是因为他们受了委屈，身心感受到了伤痛，他们觉得自己没有安全感。

所以当孩子向你诉屈时，我们要做的第一件事，就是和他们感同身受，问问他们在抢夺物品或者打架的过程中伤到没有，疼不疼，表达你足够的关心和爱。

当孩子感受到来自父母的关心和爱以后，他们的安全感才会重新旺盛起来，他们的委屈也会减轻很多。

第二，充分理解孩子的情绪

孩子在受到侵犯以后，内心肯定是愤怒的，父母不要强行压制他的怒火。

告诉他，你很理解他的心情，你也知道错不在他，他的愤怒是合理的，但不要在愤怒之下采取偏激行为。

让孩子知道，如果错不在他，父母是会和他站在一起的，让他的负面情绪得到安抚和释放，如有必要，可以站在他的立场上批评做错事的孩子几句。

第三，告诉孩子可以保护自己的权益

孩子没有社会阅历，所以他们在受侵犯、受欺负的时候，往往不知道应该怎么处理。

父母可以和他们分析，为什么会出现这样的事，把彼此的对错剖析清楚。然后告诉孩子，当对方以错误的方式对你进行冒犯时，你可以反抗，可以拒绝他的无理要求，可以寻求大人和老师的帮助。

当然，也要让孩子知道，如果别人不是恶意，你和小朋友还是以和为贵，商量着和谐解决最好。

教会孩子拒绝，是非常正经的事

01

林伟回到家中把书包一摔，吵着说不想去上学了。发这么大的脾气，这在林伟十三年人生中还是第一次呢，因为他从小就是个"小好人"。

林伟有一个很明显的性格弱点，就是不懂拒绝。只要有人提出要求，只要是他能做到的，不管自己心里愿不愿意，他最后都会尽量满足别人。

这次他说："付小刚每天都让我帮他排队打水，我前两天感冒，很难受，就没有帮他，他竟然不理我了！还有赵威，经常问我借钱，这学期都借了快二百块了，我不好意思跟他要，他也好意思一直不还。有一次我着急用钱，问他可不可以还我，他竟然直接说没有，还到处跟同学说我小气！我一片真心对他们，他们怎么能这样！"

像林伟这种不懂拒绝的性格，几乎对身边的人有求必应，看似人缘很好，其实很多都是"假朋友"，他们只是觉得林伟这种孩子好说话，用得着罢了，可一旦你不能令他们满意，他们有时翻脸比翻书还快。

有这样一个故事不知道大家听说过没有？

一位老乞丐流浪在富人住宅区附近的公园里，有位富人每次看到他都会接济他些钱财、衣物，尤其是过年的时候，还会给他封一个大红包。

这一年，眼看年关将至，可富人依然毫无动静，老乞丐有些着急——自己可是指着红包过年呢！于是，老乞丐在富人外出的必经之路上等待着，恰巧这一天富人要去请人写副门联，二人自然相遇了。

"你怎么还不给我红包呢？小年都过了，我还指着它办年货呢！"老乞丐说得理直气壮。

富人有些不满，但隐忍未发："是这样，今年的生意折了本，而且儿子刚刚结婚不久，所以今年并不宽裕。"

"这我不管，那是你的事情，你总不能因为你的事就影响我过年吧！"老乞丐不依不饶。

富人不想和他纠缠，于是掏出一百元递给老乞丐："今年我只能给你这些了。"

"你怎么能这样？你怎么可以用我过年的钱养你的家？"老乞丐竟然发起了脾气。停了片刻他又说："唉，看在你昔日对我不错的份上，就不和你计较了。不过你要记住，明年可一定要还我！"

呵，这虽然是个故事，可是类似的事情在现实生活中时有发生。就好像你富有的时候，有位朋友向你借钱，你每次都借，可一旦你资金困难无钱可借，他反而跟你反目成仇了，就好像是你欠他的一样。

这种人，我们习惯称之为"人际关系掠食者"，而他们主要掠食的对象，就是那些不懂拒绝的人。

02

而我们的孩子，一旦被"掠食"以后，也会习惯成自然。

美国社会心理学家弗里德曼曾做过一个著名的实验：

他让助手去访问一些家庭主妇，请求被访问者答应将一个小招牌挂在窗户上，她们答应了。

过了半个月，实验者再次登门，要求将一个大招牌放在庭院内，这个牌子不仅大，而且很不美观。同时，实验者也向以前没有放过小招牌的家庭主妇提出同样的要求。

结果，前者有 55% 的人同意，而后者只有不到 17% 的人同意，前者比后者高 3 倍。

这种心理现象，被称之为"得寸进尺效应"。

林伟的"小好人"性格，就是在这种情形下形成的。

小时候，林伟喜欢抱着他的大冲锋枪在小区里玩耍，小区里的晨晨总是想抢过去玩一会儿，每次林伟都有些不满地说："你别抢我的枪，这是爷爷生前给我买的，是我的，我不想给别人玩！"

林伟妈马上教育他："小伟，给晨晨玩一下嘛。"林伟一边嚷着不要，一边紧紧地抱着冲锋枪。

林伟妈妈假装生气，"怎么这么小气！听话，给晨晨玩一下。"说着，不由分说将冲锋枪从林伟怀里抢过来，递给晨晨，林伟一下子就哭了起来。

再后来，次数多了，林伟也就不争抢了，他的玩具谁都可以随意拿去玩，哪怕他当时正在玩。

很明显，林伟妈妈没有意识到，孩子强调"是我的"的时候，其实是在划定自己与别人的界限，他的自我意识已经开始萌芽，有了"我"与"他人"之分，懵懵懂懂地开始维护自己的权益，这时候妈妈软硬兼施，强迫孩子分享，就会破坏孩子的自我界限意识。将来，孩子为了获取别人的认可或者避免受到指责，就会委屈自己取悦别人。

渐渐地，当孩子的利益和别人发生冲突时，孩子也会采取退让态度。这样的教养环境使孩子养成了忽视自我，一味取悦别人的习惯，陷入"自我牺牲"的泥潭之中。

接下来他们有几十年的时间，要面临各种各样无穷无尽的索取。

03

其实就像林伟那样，**很多孩子一开始是会说"不"的，但由于父母的强行干涉，孩子才渐渐只会说"好的"。**

是的，分享是一种美德，但不分享也不能说就是自私，分享也要分什么事情。再者说，既然分享是一种美德，就应该是双方都感到快乐，而不是逼着一方以委屈自己的方式成全另一方的快乐。

自幼被强迫委曲求全的孩子，他们面临选择时，分不清哪些事情是可以接受的，哪些则是需要拒绝的。他们害怕与别人产生对抗，习惯性地以取悦别人为己任，为了避免得到"不好"的评价，他们从小就戴上了"好人"的面具，只考虑他人而忽略自己，甚至可以满足别人的无限索取。这样的孩子，在社会上根本无法获得基本的礼遇和尊重。

所以，我们不想让我们的孩子将来在社会上"吃亏""受欺负"，就一定不要在小时候把他教成一个有求必应的"烂好人"，我们需要从小引导孩子学会"给予"，但也要学会"拒绝"。

第一，一定要让孩子明白：懂得拒绝是一种自我保护

一些父母和师长灌输的服从教育，使孩子从内心深处产生出对权威的惧怕，进而产生恐惧心理和压抑感，久而久之，容易使孩子形成胆小、怯懦、乖僻性格。

于是孩子受到欺负不敢反抗，因为"我反抗了，我就不是乖孩子"，他们不懂得通过拒绝来保护自己，就容易被内心险恶的人利用和伤害。比如媒体不时揭露的儿童性侵案，就

是一个个沉痛的例子。

第二，一定要让孩子明白，谦让也有底线

引导孩子学会谦让，应建立在遵守规则的基础上，而不是说，不由分说地谦让。

我们应该让孩子自然流露和表达他的内心感受。对日渐成长的孩子来说，没有什么是比让他体会内心感受和流露真实情感更可贵的经验了。孩子在与外界接触中淋漓尽致地展现内心，这是孩子成长过程中必不可少的经历。

打个比方说，当他和小朋友发生争抢时，不要给孩子下命令，要求他怎样做，要让孩子自己做决定。在做决定的过程中，孩子的个性、他的内心世界、他的渴望和想法都会表达出来。此时，争抢物本身对他来说并不重要，重要的是，孩子敢于表达自己的真实想法。

第三，一定要让孩子知道，谁都别想随便欺负我

要让孩子知道，自己一次次的沉默、忍让和满足对方，并不一定能换来对方的好感，相反，换来的可能是一次比一次更严重的欺负和侵犯。甚至在别的孩子眼里，你就是一个很傻的人，他们不会尊重你！

父母应该告诉孩子："假如你觉得事情有一点不对劲，那么，任凭周围的人如何纵容，如何引诱，你都要拒绝他们。"

让孩子用行动告诉别人：我不是可以随便欺负的！